Pierre Stutz

# Sei gut mit deiner Seele

HERDER

FREIBURG · BASEL · WIEN

Kontakt zum Autor über
www.pierrestutz.ch

Originalausgabe

2. Auflage

Alle Rechte vorbehalten – Printed in Germany
© Verlag Herder Freiburg im Breisgau 2006
www.herder.de
www.pierrestutz.ch
Herstellung: Freiburger Graphische Betriebe 2006
www.fgb.de
Umschlaggestaltung und Konzeption: R·M·E München /
Roland Eschlbeck, Liana Tuchel
ISBN-10: 3-451-07052-9
ISBN-13: 978–3-451-07052-5

Für Alexander, Bernhard, Katja und Maria
vom Ensemble Entzücklika, in Dankbarkeit
für ihre Musik,
die Fenster zur Seele öffnet –
und für Andreas, Christiane und Martin.

# Inhalt

| | |
|---|---:|
| Zur Einstimmung | 9 |
| SEI GUT ZU DIR | 13 |
| Ich begegne mir mit Wohlwollen | 14 |
| Ich bewerte und beurteile mich nicht | 24 |
| Altes trägt nicht mehr, Neues ist noch nicht da | 33 |
| Ich gestehe mir Grenzen ein | 43 |
| Ich erlaube mir Brüche und Scheitern | 50 |
| Ich lasse Idealbilder von mir los | 60 |
| Ich betrete den heiligen Ort in mir | 69 |
| KRISE ALS CHANCE DER VERWANDLUNG | 74 |
| Verwandlung durch Leidensdruck | 75 |
| Liebe als Kraft der Verwandlung | 80 |
| Mein Leben als Geburtsprozess | 84 |
| Selbstmitleid | 89 |

| | |
|---|---|
| Entwurzelt | 93 |
| Vom Dunkel zum Licht | 97 |

## ZWISCHEN AUFLEHNUNG UND ANNAHME

102

| | |
|---|---|
| In der Spannung von Empörung und Annahme | 103 |
| Ich lasse mir Zeit | 107 |
| Wieder-kehrende Fragen aushalten | 113 |
| Ich lasse mich nicht unter Druck setzen | 119 |
| Unterscheiden können | 123 |
| Ich lasse meine Angst verwandeln | 129 |

## ES WIRD GUT WERDEN

139

| | |
|---|---|
| Zeit zum Feiern | 140 |
| Segenswünsche | 146 |

## Zur Einstimmung

In meinen Seminaren und Kursen begegne ich vielen Menschen, die sich in einer Umbruchsituation befinden und die auf einer spirituellen Suche sind. Ich höre ihnen zu. Ganz unterschiedliche Menschen sind es, junge und alte, Frauen und Männer, die nach Sinn tasten.

In diesen Gesprächen fällt mir auf, wie hart und abwertend viele mit sich selbst umgehen. Das ist eine Grundhaltung, die ich selbst auch gut kenne. In meinen Büchern entfalte ich darum seit vielen Jahren den Grundwert der Selbstliebe und Selbstachtung. Ihn umzusetzen im eigenen Leben ist kein Sonntagsspaziergang, sondern eine lebenslange Aufgabe. Sich selbst annehmen können in der eigenen Verunsicherung und Verletzlichkeit hat nichts mit Egoismus zu tun. Ein anspruchsvoller Weg der Achtsamkeit ist es, der die Spur aufzeigt zu mehr Respekt, Toleranz und Solidarität mit anderen Menschen und mit aller Kreatur. Dieser Weg wirft uns auf uns selbst zurück und auf die existenzielle Frage des Leidens und der Krise. Es ist ein Weg, den ich selbst in seiner tiefen, manchmal lebensbedrohenden Dimension erlebt habe und der für mich zugleich ein Weg der Selbstwerdung geworden ist, an dem ich wachsen und reifen durfte. In dieser Spannung von krisenhaften Erfahrungen und Wachstum bewegen sich die folgenden Meditationstexte mit ihren anschließenden Vertiefungen. Ich hoffe für jeden Menschen, dass er seine Krise als Chance der Verwandlung erfahren kann. Zugleich kenne ich viele Menschen, die am Leiden zerbrochen sind. Es hat sie hart und bitter gemacht, in Sucht und Gewalt verirrt und im schlimmsten Fall zum Suizid geführt. Meine Spurensuche bewegt sich auf dieser Gratwanderung. Die Einmaligkeit eines jeden Menschen verbietet es, bevormundende Rat-schläge und Patentrezepte mit vernichtenden Schuldzuweisungen auszusprechen. Trotzdem können wir einander in schweren Zeiten begleiten, unterstützen und herausfordern, wir können einander helfen im gemeinsamen Aushalten von Verunsicherung und im behutsamen Ringen um Worte. In diesem Wegbuch nehme ich in meine Meditationstexte all die Menschen mit, denen ich in meiner spirituellen Begleitung begegne. Ihre Worte, ihr Leiden, ihre Auflehnung und Hoffnung schwingen in den Gedichten mit, in der leisen Hoffnung, dass andere sich darin angesprochen und berührt fühlen. Ich will mich selbst und andere bestärken, gut mit der eigenen Seele zu sein, auf sie zu hören und ihr Entfaltungsräume zu schenken. Dies kommt zum Ausdruck in meinen Meditationstexten, in denen sich intensive Lebensprozesse in Kurzform verdichten; ich erläutere diese Texte, damit sichtbar wird, wie schwer es sein kann, diesen heiligen Ort in sich zu betreten. Ich zeige konkret auf, wie viel Geduld es braucht, um sich selbst gut gesinnt zu sein, und wie es gelingen könnte, Tag für Tag einen anderen Umgang mit sich selbst einzuüben. Mögen die folgenden Gedanken uns im Vertrauen bestärken, dass mitten im Dunkel Hoffnungsfunken aufscheinen, die zu einem Verwandlungsweg ermutigen, der unsere Welt menschlicher werden lässt. Ich bedanke mich bei meiner Lektorin Gabriele Hartlieb für die beharrliche Geduld und die wohlwollende Unterstützung beim Schreiben. Dieses Buch ist auch dem Ensemble Entzücklika gewidmet (www.entzuecklika.de), in Dankbarkeit für die gemeinsamen Konzert-Lesungen auf dem Ökumenischen Kirchentag in Berlin, dem Katholikentag in Ulm und an vielen anderen Orten. Da erfahre ich, welche Hoffnung spürbar wird, wenn Menschen aus Verantwortung für eine bessere Welt gut mit ihrer Seele sind.

*Lausanne, 4. Januar 2006*              *Pierre Stutz*

# Sei gut zu dir

Sei gut zu dir
in Zeiten der Krise
dank der wohltuenden Erinnerung
an deine unverwechselbare Einmaligkeit

Sei dir gut gesinnt
in Zeiten der Verunsicherung
dank der bestärkenden Grundhaltung
viel mehr zu sein als deine Leistung

Sei gut zu dir
in Zeiten des Umbruchs
dank der aufrichtenden Hoffnung
aufgehoben zu sein in einem größeren Ganzen

Sei dir gut gesinnt
in Zeiten der Entscheidung
dank dem leisen Vertrauen
auch am Schweren wachsen und reifen zu
    können

# Ich begegne mir mit Wohlwollen

Ein gesundes Selbstwertgefühl zu entfalten, ist für mich ein großer Wert im Leben. Es gibt für mich nichts Schöneres, als Menschen in ihrer Entfaltung zu unterstützen. „Kräfteschulung" nennt sich diese Grundhaltung in der Pädagogik. Die eigenen Lebensgaben – die geschenkt sind – anzunehmen und einzubringen, gehört für mich wesentlich zu einer beglückenden Lebensaufgabe. „Ja" zu sagen zur ureigenen Begabung ist gar nicht so einfach. Die eigene „Kernkompetenz" zu finden und zum Wohle der Gemeinschaft zu verwirklichen, kann mit einem langen Weg der Selbstfindung einhergehen. Auf diesem Pfad ist es wichtig, sich selbst gut gesinnt zu sein. Es geht dabei auch um die Fähigkeit, bei sich selbst zu Gast zu sein. Karl Valentin hat humorvoll eingeworfen: „Heute besuche ich mich, mal schauen, ob ich zu Hause bin." Befreundet sein mit sich selbst ist eine anspruchsvolle Zumutung. Sich selbst zulächeln zu können, um nicht verbissen im Leben zu stehen, ist nicht so einfach, wie es klingt. In der Tat kann ein falsch verstandener Wunsch nach Selbstfindung in einer Fehlform zu narzisstischem Verhalten führen, zu einem Kreisen um sich selbst, einem Tanz ums eigene Ich, das zum Gegenteil führt, das vom wahren Selbst und von den anderen entfremdet. Doch genauso besteht die Gefahr, außer sich zu sein, sich unbarmherzig durch das Leben zu peitschen, sich durch Stimmen, denen – sehr oft unbewusst – die Macht eines Über-Ich eingeräumt wird, fremd bestimmen zu lassen. Darum braucht es die alltägliche Achtsamkeit, sich selbst mit seinen Stärken und Schwächen gut gesinnt zu sein. Selbstannahme ist ein lebenslanger Prozess, der uns befähigt, wirklich lieben zu können und sich zu engagieren für eine gerechtere Welt. Die religiöse Dimension dieser Grundhaltung eröffnet sich mir in der regelmäßigen Erinnerung, dass ich gesegnet bin vor allem Tun, an-

genommen in meinem ureigenen Sosein.
Diese Vor-Gabe ist da vor all unserem Tun, vor
aller möglichen Leistung. Unsere Lebens-Auf-
gabe ist es, sie täglich einzulösen. Vor allen
Ansprüchen gilt uns dieser Zuspruch. Und auf
diese bedingungslose Zusage sind wir angewiesen, lebenslang. In Umbruch- und Krisenzeiten brauchen wir sie erst recht – und genau in diesen Zeiten verschließen wir uns oft
diesem Geschenkcharakter des Lebens. Gerade wenn unsere Lebenspläne durch-kreuzt
werden, wenn wir mit Trennung und Schei-
dung, Krankheit, Mobbing, Tod, Erwerbslosig-
keit, Verleumdung, Depression oder Überforderung konfrontiert werden, dann soll es uns
nicht überraschen, wenn wir dieses Urver-
trauen nicht einfach so abrufen können.
Wenn uns das Leben viel zumutet und wir
hart durchgeschüttelt werden, dann können
wir uns boden- und heimatlos fühlen, verunsichert und aufgewühlt. Sich in einer solchen
Situation selbst mit Wohlwollen zu begegnen, ist unglaublich schwer. In diesen Zeiten

der Dünnhäutigkeit, der besonderen Verletzlichkeit, sind wir auch angewiesen auf andere,
die uns erinnern, dass wir mehr sind als unsere Verunsicherung. Selbst können wir uns
dann oft die Erlaubnis nicht geben, uns selbst
gut gesinnt zu sein. Genau so geht es vielen,
und es lässt uns zutiefst menschlich sein. Es
zeigt uns, dass wir auf dialogische Beziehungen angewiesen sind. Zugleich liegt da auch
die Chance, mühsam einzuüben, sich auch
selbst Anerkennung zusprechen zu können.
„Das Geheimnis der Erlösung heißt Erinnerung", weiß der Talmud. Gut zu sich sein in
schwerer Zeit, heißt, sich zu erinnern an den
eigenen unantastbaren Kern.

DURCHGESCHÜTTELT werden
von der Härte des Lebens
zurückgeworfen auf sich selbst

Aufgewühlt werden
von unerträglichen Zumutungen
gefangen in Angst und Panik

Dünnhäutig werden
von quälenden Nächten
nur lähmendes Misstrauen ringsum

Unglaublich schwer
mir wohlwollend zu begegnen

GUT ZU MIR SELBST SEIN: das lässt mich zunächst wahrnehmen, was ist, was ich fühle, was mich umtreibt, was mir fehlt, was mich lähmt. Es kann manchmal sehr lange dauern, ehe ich benennen kann, wie sich mein Durcheinander anfühlt. Diffuse Gefühle voller Widersprüchlichkeit können die Wahrnehmung erschweren – es ist gar nicht so einfach, zu sehen, was da eigentlich los ist in mir und um mich herum. Das griechische Wort „diabolos" heißt „Durcheinanderwerfer" und umschreibt treffend die innere Zerrissenheit und Unklarheit, die Menschen in Umbruchzeiten viel Energie kostet. In diesem Zustand ist es nicht leicht, sich selbst anzunehmen; es kann schon sehr schwierig sein, sich selbst erst mal zu verstehen. Wir sind auf dem inneren Weg einen entscheidenden Schritt weiter, wenn wir Worte finden, mit denen wir unseren Zustand beschreiben können. In den alten Märchen wird diesem Prozess des Benennens viel Beachtung geschenkt – weil er eben überhaupt nicht selbstverständlich ist. Beharrliche Geduld ist gefordert, manchmal wochen- oder monatelang. Wenn es mir die Sprache verschlägt, dann leihe ich mir Worte von anderen Menschen aus, in denen ich mich selbst wieder finden kann. In dieser Grundhaltung finden sich in diesem Taschenbuch verschiedene Gedichte, die „nur" beschreiben, was ist. Diese Selbsterkenntnis ist der erste Schritt zu einem liebevolleren Umgang mit sich selbst und der eigenen Verunsicherung. Ein spiritueller Mensch ist für mich eine Frau, ein Mann, die oder der wahrnimmt, was ist, um darin die göttliche Spur zu erkennen.

### Sich selbst anschauen
mit dem wohlwollenden Blick des Vertrauens
im Wahrnehmen des Schmerzes
im Aushalten der Verunsicherung
im Verweilen im Hier und Jetzt

Sich selbst begegnen
mit beharrlicher Geduld
im befreienden Eingeständnis
verletzlich und verwundbar zu sein
aufgewühlt und getragen

Sich selbst sehen
mit den Augen der Ewigkeit
im leisen Erahnen
wie sich durch mühsame Entwicklungs-
    schritte
eine neue Lebensqualität eröffnet

In meinen dunklen Stunden helfen mir kurze Gedanken von Mystikerinnen und Mystikern weiter; nicht ein für alle Mal, sondern jeweils immer wieder. Mystikerinnen und Mystiker waren sensible Menschen, die selbst in ihrem Leben schwierige Unterbrechungen und Umbrüche erlebt haben. Dabei haben sie entdeckt, dass die Selbstliebe entscheidend ist, um engagiert im Leben stehen zu können und Gottes Nähe zu erahnen. Thomas Merton (1915–1968), Trappistenmönch und Friedensaktivist, bringt es auf den Punkt: „Indem wir uns selbst lieben, wie Er uns liebt, lieben wir Ihn, wie Er uns liebt." Mir selbst zu begegnen mit diesem Blick der Ewigkeit lässt mich aufatmen. Der Schmerz, das mühsame Ringen ist dadurch nicht weggezaubert, aber es erhält einen anderen Stellenwert. Ich ahne, wie sich durch das Annehmen meiner Widersprüchlichkeit, meiner Verwundbarkeit und meiner Grenzen der Druck löst, ganz anders sein zu sollen oder zu wollen. Niemand kann aus seiner Haut und seiner Geschichte aussteigen.

Wenn die Verunsicherung uns einholt und wir meinen, alles falsch gemacht zu haben, dann sind wir allerdings noch mehr angewiesen auf jene Weite, die uns zu uns selbst führt und zur tieferen Verbundenheit mit allem, auch mit allen anderen Leidenden. So ereignet sich ein heilender Umgang mit den eigenen Schwierigkeiten. In diesem Prozess liegt die Chance, innere Freiheit zu finden. Wer befreit ist für und zu sich selbst, der befreit auch andere. Thomas Merton sagt: „Heilig werden, heißt, sich selbst werden."

# Ich bewerte und verurteile mich nicht

Sich unter Druck setzen
sich mit Härte verurteilen
sich unbarmherzig bewerten –
es gibt einen anderen Umgang
mit sich selbst und seiner Krise

Betrachte dein Inneres
als eine Landschaft
da gibt es verschiedene Wachstumsprozesse
verschiedene Stimmungsbilder
verschiedene Reifegrade

Nimm dich einfach wachsam wahr
ohne dich zu bewerten
trau deinem Wachstumspotenzial
entdecke in den mühsamen Durststrecken
jene unerwarteten Oasen des Mitgefühls

SICH SELBST EINFACH WAHRNEHMEN, ohne sich zu beurteilen und zu bewerten, halte ich für eine der schwierigsten Aufgaben überhaupt. Meine Sozialisation holt mich sofort ein, geprägt vom Muster „falsch und richtig", „gut und schlecht", „brauchbar und überflüssig" … Würde ich den Menschen, denen ich zuhöre, mit dieser Brille begegnen, dann könnte keine Atmosphäre des Vertrauens entstehen. Ganz Ohr zu sein, Empathie zu entwickeln, ist für mich und für andere kein Freipass für Beliebigkeit, sondern eine anspruchsvolle, ethische Lebenseinstellung. Es ist die Lebensschule Jesu, in der ich diese bedingungslose Annahme des Menschen entdeckt habe. Als Liebhaber des Lebens geht er auf die Menschen zu und zeigt ihnen, wie sie sich nicht von ihren Mängeln her definieren müssen, sondern von ihrem unerschöpflichen Wachstumspotenzial. Dieses Wachstumspotenzial kann allerdings nur freigelegt werden, wenn wir nicht richten und abwerten, sondern auch in mühsamen Durststrecken Ausschau halten

nach jenen Oasen, die uns einladen zum Sein-
dürfen. Je mehr wir mit unseren Schattenseiten konfrontiert sind, umso schwerer fällt es
uns, „Ja" zu sagen zu unserem Sosein – obwohl wir in Umbruchsituationen ganz besonders auf dieses „Ja" angewiesen sind. Es ist
seit unserer Geburt in unser Herz gelegt; unsere Aufgabe ist es, dieses „Ja" der Selbstannahme jeden Tag zu erneuern, indem wir die
Härte weich werden lassen und uns nicht länger unter Druck setzen, uns mit Gewalt ändern zu wollen.

## LEBENSBEHINDERNDE MUSTER
erdrückende Abhängigkeitsmechanismen
lähmende Ohnmacht

Nimm diese destruktiven Seiten wahr
setze ihnen wohlwollend-bestimmt Grenzen
im bewussten Verweilen im Augenblick

Beengende Spirale der Angst
vernichtende Selbstabwertung
entwürdigende Selbstzerfleischung

Bekämpfe diese Teile von dir nicht
entlarve ihre Strategien
im Entdecken deiner Einmaligkeit

WIE SOLL DAS GEHEN? Wie kann ich meinen destruktiven Seiten wohlwollend-bestimmt Grenzen setzen? Ohne Zweifel: es ist sehr schwierig. Destruktive Stimmen können mich besetzen und zermürben mit ihrer Wiederholung. Es ist, wie wenn eine Schallplatte immer an derselben Stelle hängen bleibt und unsere Lebensmelodie aufhalten will. Sie kann nicht mehr hoffnungsvoll erklingen, weil wir fixiert sind auf Worte, die uns Angst machen oder uns kränken. Dieser Lähmung wohlwollend-bestimmt Grenzen setzen, kann möglich werden im bewussten, tiefen Durchatmen. Es ist ein mühsam-befreiender Versuch, immer wieder in die Kraft der Gegenwart zu gelangen. Dahin, wo das Leben sich gerade ganz wirklich abspielt. Das Leben, das nicht in der Vergangenheit stecken bleibt und sich nicht in Zukunftsängsten verliert, sondern im Hier und Jetzt die Chance entdeckt, die Spirale der Selbstzerfleischung durchbrechen zu können. Das gelingt nicht ein für alle Mal, sondern nur immer wieder neu. Sobald ich diese lebensbehindernden Muster aber bekämpfe, gebe ich

ihnen noch viel mehr Macht, und so verselbst-
ständigen sie sich, weil sie grenzenlos sind. Ihre
Strategien zu entlarven, beginnt mit dem blo-
ßen Wahrnehmen dieser destruktiven Anteile in
mir. Hilfreich kann sein, solche negativen Stimmen innerlich zu begrüßen, um sie dann besser
loslassen zu können: „Hallo, wir kennen uns
lange! Ihr gehört zu mir, doch ihr seid nur ein Teil
von mir." Oder: „Salut, was wollt ihr mir heute
sagen?" Mein Weg der Selbstannahme hat viel
mit der ernüchternden Wirklichkeit zu tun, dass
ich seit vielen Jahren regelmäßig meditiere und
trotzdem immer wieder gefangen bleiben kann
in Gedanken, die um mich selbst kreisen. Je
mehr ich diese menschliche Begrenztheit, diese
*condition humaine* annehme, umso gelöster
kann ich ihr auch mit Humor begegnen. Alleine
kann und muss ich dies nicht schaffen. Manchmal braucht es sogar professionelle Hilfe, um
sich erlösen zu lassen von menschenverachten-
den Lebensmustern, die uns ganz subtil mitge-
geben wurden. Ich lebe aus der Hoffnung, dass
wir über sie hinauswachsen können.

DANKBAR sehen
was gelungen ist im Leben
anstatt fixiert zu sein
auf meine Mängel

Dankbar spüren
was tragend ist im Leben
anstatt gefangen zu bleiben
in negativen Gedanken

Dankbar erahnen
was Sinn stiftet im Leben
anstatt mich jammernd
im Kreise drehen

DER ISLAMISCHE SUFIMEISTER RUMI (1207–1273)
sagt voller Weisheit: „Draußen hinter den
Ideen von rechtem und falschen Tun liegt ein
Acker. Wir treffen uns dort." In wenigen Worten umschreibt er, was wir zum Wachsen und
Reifen brauchen: einen Vertrauensacker, in
dem wir wurzeln können und auf dem unser
Aufblühen nicht dauernd bewertet und beschnitten wird. All die vielen Gedanken, die
uns von der Verabredung mit dem wirklichen
Leben abhalten wollen, können wir konzentrieren im Entfalten der Dankbarkeit, die lebensnotwendig ist.

Mag das Leben noch so hart und brutal
sein: Ich wünsche mir, dass ich jeden Tag danken kann. Auch wenn mir das Leben viel zumuten kann, so soll es keinen Tag geben, an
dem ich nicht danke für das Geschenk meines
Lebens, den Lebensatem Gottes, der mich verbindet mit allem. Auch wenn ich diese tiefere
Verbundenheit gerade nicht wahrnehmen
kann, weil ich blockiert und gelähmt bin, so
stammle ich trotzdem dieses eine Wort:

Danke! Ich kann es gar nicht oft genug aussprechen. Es hat die Kraft, meine Härte aufzu-
weichen und meine Tränen fließen zu lassen.
So wird mein Lebensacker bewässert und
kann Früchte bringen, wo ich es längst nicht
mehr erwarte.

Mag das Leben noch so geheimnisvoll
sein. Ich folge dem Weg zum Acker der Dankbarkeit.

## *Altes trägt nicht mehr,*
## *Neues ist noch nicht da*

Mitten in Umbruchsituationen
in denen du klar spürst
dass es kein Zurück gibt
wünsche ich dir
jenes regelmäßige Schöpfen
aus deiner inneren Quelle
die immer schon auf dich wartet

Mitten in Selbstzweifeln
in denen das Alte nicht mehr trägt
und das Neue weit weg ist
wünsche ich dir
jene aufrichtende Erinnerung
an durchwanderte Krisenzeiten
die dich gestärkt haben

Mitten in Verunsicherungen
in denen deine Seele durch
deinen Leib schreit
wünsche ich dir
jenen wohlwollenden Blick der Güte
der dich zu Selbstvertrauen bewegt

SICHERHEIT UND GEBORGENHEIT sind wichtige Grundbedürfnisse. Wir möchten sie haben, obwohl wir ahnen, dass wir Werte, Bedürfnisse und Ideale nie besitzen können, weil sie immer im Werden sind. Darum mutet uns unsere Seele zu, mehr sein zu können. Der Psychologe Carl Gustav Jung umschreibt die Seele als das Lebendige im Menschen. Lebendigkeit können wir nicht „haben", sie gebiert sich jeden Tag neu. Unser Leben gleicht einer Reise: Wir kommen an und brechen wieder auf. Wir finden uns und verlieren uns. Der ehemalige UNO-Generalsekretär Dag Hammarskjöld (1905–1961) schreibt: „Die längste Reise ist die Reise nach innen." Diese Erkenntnis kann uns helfen in den schwierigen Situationen, in denen das Alte nicht mehr trägt und Neuland noch nicht in Sicht ist. Es braucht viel Mut, die Komfortzonen des Gewohnten zu verlassen, um sich auf etwas einzulassen, was noch nicht genügend sichtbar ist. Es ist ein Akt des Vertrauens. Rituale können uns in diesen Zeiten der Verunsicherung

35

eine Struktur geben, die uns nicht lähmt, sondern die uns stärkt im Umgang mit der Verunsicherung. Je mehr wir gefordert sind, umso mehr brauchen wir auch einen gesunden Abstand, der uns innerlich weiten kann. Dieser Durchgang, das Loslassen des Alten, das Aufbrechen zum Neuen, wird in vielen Märchen und Mythen als ein Weg durch die Nacht, die Höhle, die Enge, die Unterwelt beschrieben. Der Religionspädagoge Hubertus Halbfas beschreibt ihn als Sprung in den Brunnen, als Sprung in die eigene Tiefe. Die Angst will uns abhalten, doch wir dürfen mit der Sehnsucht und der Hoffnung rechnen, die uns zum Aufbruch ins Ungewisse bestärken kann.

## WAS SOLL DAS GANZE?

Es hört nicht auf
Rückschläge
Durststrecken
Frustrationen
hätte ich mich doch
nie eingelassen auf diesen inneren Prozess

Wie lange noch?
Meine Kräfte schwinden
Ernüchterungen
Unverstandensein
Demütigungen
hätte ich doch weiterhin
alles geschluckt und verdrängt

In der Tiefe spüre ich
dass ich gar keine Wahl mehr habe
mein Durst nach einem Leben vor dem Tod
ist unaufhaltsam zum Glück

WER AUFMERKSAM und sensibel wird für den Weg nach innen, wer sich auf einen inneren Prozess einlässt, der wird mit Verunsicherungen und Zweifeln konfrontiert. Auch die biblischen Weggeschichten sind zum Glück voller Fragen und Misstrauen, voller Murren und Aufbegehren. In diesem Auf und Ab der Gefühle kann es zu einem klärenden Reinigungsprozess kommen, der mich Schritt für Schritt zu einer neuen Lebensqualität führt: Und zur befreienden Erkenntnis, dass ich nie alles im Griff haben werde, dass sich echtes Leben und wirkliches Glück vielmehr im Annehmen unserer Widersprüchlichkeit ereignet. Dieser Weg bleibt mühsam; doch wer um diese Ernüchterungen weiß, der verfällt nicht der eigenen Verurteilung, die irrtümlicherweise meint, solche Phasen des Ringens dürften nicht sein. In der spirituellen Tradition werden diese Zeiten mit belasteten Worten wie „Läuterung und Reinigung" beschrieben. Sie bringen zum Ausdruck, dass sich klären wird, was wirklich zu mir gehört und was ich nur aus fremdbestimmendem Pflichtgefühl anderen gegenüber verinnerlicht habe. Sie zeigen, dass ich durch viel Frag-Würdiges erkennen werde, was im Leben wirklich trägt. Wer sich und anderen Verwandlung und Respekt zugesteht, der ist nicht überrascht, wenn vieles aufbricht, damit es neu eingeordnet werden kann. Dabei darf ich meinem Hunger und Durst nach Lebendigkeit trauen.

ECHTE SELBSTLIEBE
ist kein Sonntagsspaziergang
sie verwirklicht sich
im Spannungsfeld von
Vertrauen und Angst
Annahme und Empörung
Hingabe und Auflehnung

Echte Selbstannahme
ist eine Grundbedingung
um wirklich lieben zu können
im Spannungsfeld von
Glück und Schmerz
Geben und Nehmen
Gelingen und Scheitern

Echte Selbstliebe
bleibt eine Lebensaufgabe
sie lässt mich über mich hinauswachsen
im selbstbewussten Einstehen
für ein menschlicheres Miteinander

„Die Kunst des Liebens" – in diesem Buch entfaltet der Psychoanalytiker Erich Fromm ein Plädoyer für die vergessene Dimension der Selbstliebe, die zu viele leider mit Egoismus oder Narzissmus verwechseln. Wirklich lieben kann nur, wer auch sich selbst liebt: „Die Bejahung des eigenen Lebens, des eigenen Glücks und Wachstums und der eigenen Freiheit ist in der Liebesfähigkeit eines jeden verwurzelt, das heißt in seiner Fürsorge, seiner Achtung, seinem Verantwortungsgefühl und seiner Erkenntnis. Wenn ein Mensch fähig ist, produktiv zu lieben, dann liebt er auch sich selbst; wenn er nur andere lieben kann, dann kann er überhaupt nicht lieben." Umbruchzeiten bergen die manchmal schwierige Chance in sich, auch liebend mit sich selbst unterwegs zu sein. Wenn ich durch eine Krise auf mich selbst zurückgeworfen bin, dann kann ich mühsam-befreiend lernen, „Ja" zu sagen zu mir, zu meinem Charakter, zu meiner Geschichte, zu meinem einmaligen Sosein. Damit verfestigt sich mein Grund der Hoff-

41

nung, auf dem ich anderen mit Geduld und Wohlwollen begegnen kann. Echte Selbstliebe lässt mich jeden Tag danken für den Geschenkcharakter meines Lebens, den ich auch in der Nächsten- und Gottesliebe erfahren kann.

## Ich gestehe mir Grenzen ein

Ich möchte die Fülle der Möglichkeiten nicht
missen, die uns heute zur Verfügung stehen.
Sie kann in uns Begeisterungsfähigkeit und
Kreativität fördern. Zugleich kann sie unsere
Schattenseiten nähren, die sich in einer Maßlosigkeit und letztlich in einem Suchtverhal-
ten ausdrücken, das uns krank werden lässt.
Eine kluge Selbsteinschätzung ist heute mehr
denn je gefragt, damit ich ein gutes Gespür
entwickeln kann für meine Entfaltungsmöglichkeit und meine Grenzen. Allmachtsfantasien bewegen zu einer Grenzenlosigkeit, die
einen selbst und andere überfordert. Darum
gehört es zur Grundaufgabe eines spirituellen
Menschen, einen gesunden Rhythmus zu finden, in seiner Arbeit und auch im Gestalten
von Beziehungen. Denn die Liebe zu sich
selbst, zu den andern, zur Schöpfung wird
möglich im ehrlichen Eingestehen der eigenen Grenzen. Aus Liebe zum Leben auch

„Nein" sagen zu können, ist entscheidend für ein verantwortungsvolles Miteinander. Fürsorglich mit dem eigenen Leib, mit der eigenen Psyche, mit der Seele umzugehen, ist entscheidend für das eigene Wohlbefinden und für eine gerechtere Welt. Es bedeutet, nicht grenzenlos haben zu wollen, sondern mehr sein zu dürfen im Gestalten eines einfachen Lebensstiles, zu dem Grenzerfahrungen natürlicherweise gehören.

EIN LEBEN LANG versuchen
die eigenen Grenzen anzunehmen
um wirklich Mensch werden zu können:
kraftvoll und verwundbar

Ein Leben lang lernen
ein gutes Maß zu finden
um wirklich glücklich zu werden:
stark und verletzlich

Ein Leben lang wagen
einen gesunden Rhythmus zu finden
um wirklich authentisch zu bleiben:
einfühlsam und unbequem

WENN WIR UNSERE GRENZEN nicht respektieren, schreit unsere Seele unaufhörlich in unserem Leib und durch ihn. Ich selbst habe mir unglaublich schwer getan im Annehmen meiner Grenzen. Hinter viel gut gemeinten Idealen war die Angst vor Liebesentzug das bestimmende Motiv, das mich zu grenzenlosem Arbeiten geführt hat, zur großen Flucht vor mir selbst. In der unbarmherzigen Leistungsgesellschaft, in der wir leben, halte ich darum immer mehr Ausschau nach Menschen, die zu ihren Grenzen stehen, nach Menschen, die sich selbst gut einschätzen können. Sie durchbrechen die menschenverachtende Hektik im Fördern einer Kultur der Langsamkeit. Sie entfalten einen anderen Umgang mit der Zeit, im regelmäßigen Innehalten, im Fördern von Prioritäten und in der Entdeckung, dass weniger mehr ist.

## EINGESCHLOSSEN
in trügerische Allmachtsfantasien
die mir ein grenzenloses Leben vorgaukeln
die mich in die Flucht vor mir selbst drängen

Umzingelt
von gnadenlosen Anforderungen
die mich vereinsamen lassen
weil es nie genügt

Verirrt
im erdrückenden Leistungsdruck
der mich durchs Leben peitscht
mich entfremdet von den andern

Wie finde ich die Tür zur Befreiung?

FÜR JEDEN Wachstums- und Reifeprozess braucht es Schon- und Schutzräume. Sich schützen zu können, ist wesentlich für unsere Selbstwerdung und unsere Fähigkeit zur Solidarität. Je mehr ich meine eigenen Grenzen annehmen und integrieren kann, umso mehr befreie ich auch andere zu einer echten Selbstannahme, die sich eröffnet in dem lebenslangen Prozess, auch gut zu sich selbst zu sein. Die Gabe des Rückzuges, des Verweilens im eigenen Lebenshaus ist keine gemütliche Kuschelstunde, sondern eine Zumutung – und zugleich Verheißung. Meine Beziehungsfähigkeit und mein Mut werden wachsen und reifen, wenn ich mir und anderen in den verschiedenen Entwicklungs- und Lebensabschnitten Schonraum zugestehe, um zuerst im Innern ordnen zu können, was sich im Außen fruchtbar entfalten will. Der islamische Sufimeister Rumi umschreibt diese Lebensweisheit in einem Gleichnis: „Wenn du nur den Kern der Aprikose ohne die äußere Hülle in die Erde pflanzest, wird nichts wachsen; wenn du ihn aber mit der äußeren Hülle pflanzest, wird er wachsen. Daraus erfahren wir, dass auch die äußere Hülle eine Funktion hat." Hilfreich ist mir auf diesem inneren Weg die mystische Einsicht, dass ich nie Einzelne oder Einzelner bin, sondern immer Teil eines Ganzen. Ich bin immer „vernetzt", weil mich der Lebensatem Gottes mit allem verbindet. Auch wenn wir anscheinend nichts tun, geschieht sehr viel, das unsere Welt verwandelt. Das Wachstum in der Schöpfung wird mir zum Symbol eines geglückten Lebens; das stärkt meine Geduld und mein Vertrauen. Im Annehmen und Ausdrücken der eigenen Grenzen befreie ich auch andere zu einem gesunden Rhythmus, den wir im Zyklus der vier Jahreszeiten als tiefe spirituelle Weisheit entdecken können. Glücklich, wer mit anderen einübt, der krankmachenden Maßlosigkeit gesunde Grenzen zu setzen.

## Ich erlaube mir Brüche und Scheitern

Die Plakatsäulen sind voll von coolen Menschen, die jung und schön sind, immer lächeln, eine perfekte Figur haben und scheinbar wirklich glücklich sind. Sie prägen ganz subtil unser Menschenbild, obwohl wir alle wissen, dass uns da eine künstliche Welt gezeigt wird, in der es keine Brüche und Schattenseiten geben soll. Auch spirituelle Menschen sind in der Gefahr, sich mit hohen Idealen zu überfordern. Unsere Sehnsucht nach Licht, nach Himmel, nach Ruhe und nach Ganzsein ist groß. Sie soll uns auch nicht genommen werden. Wir brauchen mehr denn je Idealistinnen und Idealisten, Menschen mit Visionen. Zu meiner Lebensvision gehört eine Spiritualität der Unvollkommenheit, ein ehrliches Eingestehen von Brüchigkeit und Bedürftigkeit, die ich auch zum Ausdruck bringen darf. Mir wird warm ums Herz, wenn

Frauen und Männer ganz bei sich sind, wenn sie authentisch werden, indem sie ihre Trauer und Wut, ihre Lebensfreude und Begeisterung ausdrücken. Da ereignet sich intensivstes Leben. Da entsteht eine beziehungsreiche Nähe zum wirklichen Menschsein, das immer unvollkommen bleibt. Welch ein Stress, wenn ich mich auch noch selbst erlösen müsste! Ich darf vertrauen, dass ich gehalten bin in meiner Widersprüchlichkeit. Ich darf meine Stärke entfalten im ehrlichen Eingestehen meiner Zweifel, meiner Unsicherheit, meiner Widersprüchlichkeit. Die Ideologie eines perfekten Menschen ist fatal – sie endet oft tödlich. Denn sie grenzt all jene aus, die nicht genügen, die auf der Strecke bleiben. Wir brauchen eine neue Spiritualität, die uns wirklich Mensch werden lässt, mit unserer Lebenslust und unseren Grenzen und Verletzlichkeiten. Da eröffnet sich uns die Spur zum wahren Glück, zum Geben und Nehmen, zum Lachen und Weinen.

BEFREIEND die Einsicht
scheitern zu dürfen
unvollkommen zu bleiben
als hohes Ideal echter Menschwerdung

Beglückend die Grundhaltung
an Brüchen wachsen zu können
aus Fehlern lernen zu dürfen
als Weg zur Toleranz

Bewegend der Zuspruch
niemals perfekt sein zu müssen
immer werden zu können
als Versöhnung mit dem Leben

„ABERGEISTER" nennt der begabte biblische Schriftsteller Fridolin Stier die Dämonen in der Bibel. Es sind die destruktiven Stimmen, die uns im „Wenn und Aber" gefangen halten wollen. Obwohl ich im Kopf so viel weiß und mir vieles klar ist, lauern mir immer wieder diese lebensfeindlichen Stimmen auf. Sie verbieten mir, glücklich zu sein. Sie fordern mich auf, die Zähne noch fester zusammen zu beißen. Sie nähren meine Schattenseiten, verstärken meine Angst vor dem Leben. Am schlimmsten ist es, wenn ich mir dieser inneren Manipulation nicht bewusst bin, wenn sie meine Lebensgestaltung ganz diffus bestimmt mit einer unerklärbaren Schwere. Auch der Kampf gegen diese negativen Stimmen hilft nicht weiter, weil ich ihnen dadurch noch mehr Raum, Macht und Energie gebe. Es gilt, sie ernst zu nehmen, um ihnen Grenzen setzen zu können – nicht ein für alle Mal, sondern immer wieder. Beten heißt für mich, mir meiner Blockierungen und Lähmungen bewusst zu werden, um sie ausdrücken und ver-

53

wandeln zu können. Ein Tagebuch zu schreiben gibt mir die Möglichkeit, in einer dialogischen Grundhaltung wahrzunehmen, was ist, was mich hindert in meinen Verwandlungsmöglichkeiten, und was mir hilft. Im Gespräch im Freundeskreis, im schweigenden Verweilen und im Aussprechen von wenigen Worten wie

Du
Urgrund meines Lebens
verwandle meine Angst in Selbstvertrauen

kann ich einen wohlwollenden Umgang mit meinen „Abergeistern" finden. Dabei bewerte und verurteile ich diese meine Seiten nicht, sondern trete ihnen mit Entschiedenheit und Hoffnung entgegen.

## DESTRUKTIVE STIMMEN
ertönen ohne Unterbrechung in mir
verstricken mich in die Angst vor Liebes-
    entzug
verbarrikadieren mich in der Panik vor
    Ablehnung
verbauen mir ein Dasein in Würde

Lebensfeindliche Ideale
bestimmen mich ganz unbewusst
nähren meine zu hohen Ansprüche
verfestigen mein Außer-mir-sein
verhindern mein Dasein mit mir selbst

Befreie mich
begleite mich zu mir selbst
wo ich Dir begegne
als Quelle des Vertrauens

Erlöse mich
führe mich zu meinen Mitmenschen
wo ich Dich erfahre
als Quelle der Solidarität

Verwandle mich
führe mich hinaus aus der Angst
wo ich Dich erahne
als innerer Ort des Urvertrauens

IN EINER PERSÖNLICHEN Umbruchsituation habe ich dreimal von einem gewaltigen Erdbeben geträumt. Wohnhäuser, Schulen und Kirchen fielen in sich zusammen, und ich befand mich mitten in den Trümmern: ganz gesund und heil! Jedes Mal bin ich voller Schrecken und Angst und schweißgebadet aus diesem Traum erwacht. Ich brauchte viel Zeit, um nicht nur auf das Zerbrochene zu starren, sondern auch zu sehen, dass ich selbst unverletzt geblieben bin. Dieses Hoffnungsbild begleitet mich in Gesprächen mit Menschen, die mir gewaltvolle, himmelschreiende Lebenssituationen anvertrauen. Ich nehme Anteil an einer bedrückenden und zerstörerischen Wirklichkeit. Zugleich erinnere ich mich dank der Träume an die tiefe Hoffnung, dass es in jeder und jedem von uns einen unantastbaren, göttlichen Kern gibt, der nie zerstört werden kann. Unsere Lebensaufgabe besteht darin, für eine gerechtere und menschlichere Welt zu kämpfen und zugleich anzunehmen, dass es keine heile Welt gibt und dass ich auch in meinem persönlichen und sozialen Umfeld Scheitern und Schuld erfahren werde. Dies ist für mich kein Freipass für eine fatalistische Lebenseinstellung, sondern eine geerdete Spiritualität, die Unrecht sieht und verändert und dabei immer Ausschau hält nach jenem inneren, guten Kern.

WIR BESTÄRKEN einander
unser Bestes zu geben
das immer bruchstückhaft sein wird

Wir muten uns einander zu
verstecken unser Scheitern nicht mehr
befreien einander zur Ehrlichkeit

Wir stiften einander an
zu einer menschlicheren Arbeitsatmosphäre
im kämpferischen Einfordern von Würde

## Ich lasse Idealbilder von mir los

In Zeiten der Verunsicherung und der Krise können wir mit unangenehmen Seiten an uns konfrontiert werden, die uns kaum bekannt sind. Zu den schwierigen äußeren Umständen kommt dann auch noch diese Auseinandersetzung hinzu: ein Weg zur mühsam-befreienden Annahme meiner selbst, mit all den Schattenseiten wie Neid, Eifersucht, Ungeduld, Härte, Intoleranz. So wird mir zugemutet, Idealbilder von mir selbst loszulassen, indem ich mir ehrlich eingestehe, dass ich auch von mir selbst enttäuscht sein kann, weil ich mich getäuscht habe in meiner Selbstwahrnehmung. Was immer mir an verborgenen Seiten entgegenkommt – auch sie sind nur ein Teil von mir. In dieser Grundhaltung kann ich mir selbst und auch andern mit mehr Wohlwollen und Toleranz begegnen. Es bleibt mühsam und kann sehr lange dauern, bis ich „Ja" sagen kann zu den bis dahin unbekannten Aspekten meines Charakters, denen ich durch eine Umbruchsituation ungewollt ausgesetzt bin. Es bleibt ein Geheimnis, weshalb das Leben die einen hart trifft und andere verschont bleiben. Es bleibt eine Zumutung. Trotzdem und erst recht kann ich mich auf den inneren Prozess begeben, mich selbst mit meinen hellen und dunklen Facetten anzunehmen. Auch wenn äußere Umstände es aussichtslos erscheinen lassen, so kann ich mir einen inneren Handlungsspielraum schaffen. Darin reagiere ich nicht nur, sondern setze mich bewusst mit ungesunden Idealbildern auseinander, die mich von meinem wahren Selbst entfernen. Dies ist die Grundvoraussetzung, um danach auch mit anderen strukturelle Lösungsansätze mitzugestalten, die die Resignation und Apathie durchbrechen können. Alleine komme ich da nicht weiter. Ich brauche Verbündete, die an mich und meinen Wachstumsprozess glauben. Menschen, die es wirklich gut mit mir meinen, auch in der Konfrontation mit meinen blinden Flecken und im unbequemen Benennen von ungerechten Verhältnissen, die gemeinsam verändert werden können.

MANCHMAL
all die Vorstellungen und Bilder
von sich selbst lassen
nichts mehr müssen
einfach sein dürfen

Manchmal
all die Idealbilder
gehen lassen
nichts mehr erreichen müssen
einfach werden können

Manchmal
entdecken und erfahren
wie das Wesentliche schon da ist
und sich immer mehr zu meiner
ureigenen Lebensaufgabe kristallisiert

„WAS DENKEN DIE ANDEREN?" ist einer jener lebensbehindernden Sätze und einer, der mich tief geprägt hat. Die Stärke des Gedankens liegt in der sozialen Fähigkeit, sich in andere hineinfühlen zu können, Kompromisse schließen zu können, sich nicht zu wichtig zu nehmen, sich als Gemeinschaftswesen zu erfahren, das sich in einem tiefen Aufeinanderangewiesensein verdeutlicht. Die Kehrseite dieser Worte treibt mich zu einem ständigen „Außer-mir-sein". Was ich intuitiv spüre, was ich wirklich brauche, wie mein Standpunkt aussieht, tritt in den Hintergrund. So verliere ich den natürlichen Zugang zu meiner Herzensstimme und ich lasse mich blenden und beeindrucken von der Meinung der anderen, besonders der Mehrheit. In der Lebensschule Jesu werde ich bestärkt, aus meiner Mitte zu leben, aus meiner göttlichen Quelle. So bin ich aufgefordert, auch auf mich zu hören, auf die Sprache meines Leibes, auf die Bilder meiner Seele, auf die Einsichten meines Geistes. All meine Lebenskrisen habe mich gezwungen, mehr auf meine innere Herzensstimme zu hören. Die heilenden Kräfte der Seele suchen sich mit Hilfe dieses achtsamen inneren Blicks ihren Weg, der zu einem befreienden Aufatmen führt. Anfangs hatte ich ein schlechtes Gewissen, kam mir egoistisch vor. Mit der Zeit spürte ich ganz tief, welche gemeinschaftsstiftenden Früchte wachsen und reifen, wenn ich auf meine Mitte achte. Es sind Früchte, die mehr innere Freiheit in das Gestalten meiner Beziehungen bringen, weil ich klarer und entschiedener bin in meinen Aussagen. Ich hole mir nicht mehr durch verschlüsselte Botschaften, was ich mir wünsche, sondern ich drücke es aus. Weil ich weiß, dass ich mich einbringen kann und mir meinen Raum nehme, kann ich mich auch wieder zurücknehmen, weil die anderen auch das Recht und die Pflicht haben, sich einzubringen mit ihren Fähigkeiten und Begrenzungen. Unsere Lebensqualität verbessert sich sehr, wenn wir einander unterstützen im Einbringen von klaren Aussagen und im entschiedenen Ausdrücken der eigenen Intuition.

GETRIEBEN von der Einstellung
dass es nie genügt
bestimmt vom Leistungsprinzip
immer noch mehr zu wollen
geprägt vom Irrtum
grenzenlos sein zu können

Getrieben von Idealbildern
die mich entfremden von mir selbst
bestimmt von Über-Ich-Stimmen
die mich klein halten wollen
geprägt vom Gesetz
es allen recht machen zu wollen

Es gibt eine andere Möglichkeit:
vor allen Ansprüchen sein dürfen
um sich verwandeln zu können

ECHTES GLÜCK ereignet sich, wenn wir einander zum Aufblühen verhelfen können. Welch eine Wohltat, wenn Menschen das Gefängnis ihrer Angst und des Misstrauens verlassen, um ihre verborgenen Schätze freizulegen! Ein wohltuender Duft der Menschenfreundlichkeit breitet sich aus, der unser Arbeitsklima verändert. Eine ansteckende Aufbruchsstimmung zieht Kreise, die der zunehmenden Fremdenfeindlichkeit Grenzen setzt – und Mitgefühl ist da. Aufblühen können wir, wenn wir uns angenommen fühlen, so wie wir jetzt sind. Das ist eine Lebensqualität, die nicht zu haben ist, sondern die uns dank der Kraft des Augen-Blicks geschenkt wird. Der Mystiker Meister Eckhart zeigt mir, was mich zutiefst aufblühen lässt: „Gott ist ein Gott der Gegenwart. Wie er dich findet, so nimmt und empfängt er dich, nicht als das, was du gewesen, sondern als das, was du jetzt bist." Unsere Lebenssäfte sind oft blockiert durch unsere einengenden Vorstellungen. Wir stellen vor uns hin, wie wir sein müssten, und stehen uns dadurch selbst im Wege! Die Lebenskunst des Aufblühens wird möglich, wenn wir in unserem Element sind und einfach sein dürfen. Diese spirituelle Grundhaltung lässt uns über uns selbst hinauswachsen. Unmögliches wird möglich, Kräfte werden freigesetzt, die uns befähigen, uns dem auszusetzen, was ist, uns einzusetzen für eine Globalisierung der Gerechtigkeit. Fenster zum Glück öffnen sich uns im Genießen und Entfalten unserer Lebenskräfte, die zum Wohl der ganzen Schöpfungsgemeinschaft da sind. Was wir für uns behalten, verkümmert oder verfault – was wir weiterschenken, nährt!

SICH NICHT MEHR beeindrucken lassen
von den vielen Fähigkeiten der anderen
sondern die eigenen verborgenen Gaben ein-
    bringen
um sich selbst und anderen Glück zu
    schenken

Sich nicht mehr blenden lassen
vom Licht der anderen
sondern das eigene göttliche Licht leuchten
    lassen
das befreit zu Respekt und Mitgefühl

Sich nicht mehr bestimmen lassen
von all den gutgemeinten Rat-schlägen
sondern der eigenen Herzensstimme trauen
die zur tiefen Dankbarkeit bewegt

# Ich betrete den heiligen Ort in mir

Künstlerische Prozesse entstehen oft durch Chaos, Leiden und Verunsicherung. Sie verwirklichen sich auch durch das Beflügeltsein der Liebe, dem Angerührtsein von der inspirierenden Kraft des Eros, die uns Fenster zur Ewigkeit öffnet. Beides beinhaltet das kreative Aushalten der Leere, die eine große Fülle in sich verbirgt. Das Schreiben meiner Texte bewegt sich in dieser Spannung. Es ist ein Erleiden und ein Aufgehobensein im Fluss des Schreibens. Es liegt nicht in meiner Hand und in meinem Ermessen wann sich meine Worte gebären. Diese Erfahrung ist für mich wegweisend im Umgang mit schweren Zeiten und im Begleiten von suchenden Menschen, die sich neu orientieren möchten. Wenn wir sehr gefordert sind im Leben, dann verkrampfen wir uns manchmal reflexartig. Viele Menschen bleiben nur auf der Verstandesebene und wollen begreifen was los ist. In der Frage „Was ist los?" ist die Antwort schon versteckt. Wandlungsprozesse aber sind zunächst nicht begreifbar, sie durchbrechen gut eingespielte Gewohnheiten, in denen wir alles begreifen und verstehen wollen. Sie führen uns auf eine tiefere Ebene, vom Ego zum Selbst, in die Ebene des Loslassens, des Geschehenlassens, des aktiven Nichtstuns, weil dadurch Unerwartetes und Ungewohntes möglich wird. „Was ist los?" – in dieser Frage liegt der Schlüssel zur Problemlösung. Das Gewohnte, Vertraute hat sich los-gelöst, ist nicht mehr zu halten, damit Neues sich uns zeigen kann. In der mystischen Tradition werden wir ermutigt, den Sprung in diese lebensspendende Tiefe zu wagen. Je mehr wir gefordert sind, je verunsicherter und dünnhäutiger, je verzweifelter und verletzter wir sind, umso mehr brauchen wir den Zugang zu dem heiligen Ort in uns, an dem wir uns nicht mehr rechtfertigen und beweisen müssen, diesen heilenden Ort, wo wir schöpfen können aus der Quelle des Seins, weil unser Wert aus unserem Sein entspringt.

Oft nehme ich mich sofort zusammen, wenn es auf mich ankommt. Wer ermutigt mich schon, mich gehen zu lassen? Ein gesunder Lebensrhythmus, der auch auf die heilenden Kräfte der Seele vertraut, entfaltet aber beides im Leben: Einsatz und Erholung. Ich selbst bin aufgefordert, mir diese uralte Lebensweisheit anzueignen. Bäume sind mir dabei spirituelle Lehrmeister. Je trockener die Jahreszeit ist, umso mehr brauchen sie ihre Wurzeln. Diesen gesunden Reflex wünsche ich uns, wenn wir uns irrtümlicherweise im unbarmherzigen Getriebe der Hektik verirren. Dazu gehört, die Opferrolle zu verlassen, das eigene Leben in die Hand zu nehmen. Dieses verantwortungsvolle Handeln braucht paradoxerweise auch die Fähigkeit des Loslassens, das Fallenlassen in die Erde des Vertrauens, in das Dunkel eines Wachstumsprozesses, in dem vorerst scheinbar nichts geschieht. Der Begleiter aus Nazareth sagt treffend: „Wenn das Weizenkorn nicht in die Erde fällt und stirbt, bleibt es allein. Wenn es aber stirbt, bringt es reiche Frucht." (Johannes 12, 24)

AUCH WENN ES unglaublich schwer ist:
halte inne
atme tief ein und aus
lass dich in deine Tiefe führen

Auch wenn du es kaum aushältst mit dir:
schließe die Augen
lausche dem Leben
lass dich in deinen Ruheort begleiten

Auch wenn du voll innerer Unruhe bist:
steh mit beiden Füßen auf dem Boden
stehe zu dir
spüre dein Getragensein
Wer hindert dich daran
deinen Rhythmus zu finden
der dich schöpfen lässt
aus deinem inneren Kraftort
der dich verbindet mit allem

Wer hindert dich daran
nicht mehr gelebt zu werden
Sachzwänge und Erwartungen

mit Distanz anzuschauen
die Opferrolle zu verlassen
im selbstbewussten Gestalten deines Alltags

Was hindert dich daran
jenen heiligen Ort in dir zu betreten
wo du einfach sein darfst
in der wohltuenden Erinnerung
angenommen zu sein so wie du bist
In Momenten der Unruhe
erst recht innehalten
dankbar staunen können
über die kleinen Wunder

In Momenten der Selbsterniedrigung
erst recht durchatmen
befreit werden
zum Ausruhen im Hier und Jetzt

In Momenten der Orientierungslosigkeit
erst recht sich erinnern
wie die längste Reise
mit dem ersten Schritt beginnt

# Krise als Chance der Verwandlung

Verwandlung ist dir verheißen
eine Spur zeigt sich dir
die hinausführt aus Ohnmacht und
     Verlorenheit
zu deiner inneren Kraft

Verwandlung ist dir zugesagt
eine neue Lebenserfahrung eröffnet sich dir
die befreit vom Irrtum
alles unter Kontrolle zu haben

Verwandlung ist dir versprochen
ein Weg in die eigene Tiefe
wo du einfach sein darfst
in Stärke und Verletzlichkeit

## Verwandlung durch Leidensdruck

Immer wieder fragen Menschen mich, ob Verwandlung denn nur durch Leiden und Krise
entsteht. Ich hoffe nicht. Vielleicht ist es so:
Verwandlung geschieht oft auch deshalb
durch einen Leidensdruck und ein inneres Ge-
drängtsein, weil wir die Einladungen unserer
Seele zu lange nicht wahrgenommen haben.
Zugleich werden wir auch durch die Kraft der
Liebe, des Anerkannt- und Angenommenseins
verwandelt und erlöst von der Allmachtsfan-
tasie, alles selbst machen zu müssen. Ich
meine, dass immer beide Seiten zu unserem
Wachstum gehören. Wir werden zu uns selbst
verwandelt durch Begegnungen, durch ein
Angerührtsein von Worten und Gesten, durch
die Gabe der Versöhnung – und zugleich
durch ein schmerzvolles Ringen und Kämpfen. Wir sollen das Leiden nicht suchen und
schon gar nicht verherrlichen. Doch alle großen Lebensweisheiten in allen Religionen er-

öffnen uns eine Spur, auch im Leiden, in Momenten der Verzweiflung erlöst werden zu können von der Angst, allein auf uns selbst angewiesen zu sein.

Manchmal sind wir so verfahren und gefangen, dass wir nur eine mögliche Lösung sehen – eine Einbahnstraße, die in Resignation und Frustration lähmt und isoliert. Wirkliches Leben ist anders. Es gibt immer eine Fülle von Lösungsansätzen, weil wir auch mit unerwarteten, neuen Perspektiven rechnen dürfen. Doch je mehr wir uns dieser Weite des Herzens verschließen, umso größer wird unser Leidensdruck. Zu den härtesten Erfahrungen des Lebens gehört für mich, annehmen zu müssen, dass wir einander auch nur begrenzt helfen können. Wenn jemand sich nicht helfen lassen will, ist es sehr hart, die Ohnmacht zuschauend auszuhalten. Wenn jemand im Sumpf der Sucht oder der Gewalt steckt, dürfen wir auf keinen Fall uns zu sehr mit hineinziehen lassen. Not-wendend ist eine gesunde Distanz. Wenn jemand keine Bereitschaft zeigt, konkrete

Schritte zur Veränderung anzunehmen oder zu gehen, drücke ich diese schmerzvolle Situation mit folgenden Worten aus: „Die Situation ist lebensbedrohend, doch paradoxerweise ist es für den Betroffenen scheinbar noch nicht schlimm genug, um wirkliche Veränderungen anzugehen." Es sind Worte, die ich nicht aus Fatalismus oder Zynismus ausspreche, sondern aus tiefer Einsicht, dass wir einander nicht zum Glück zwingen können. In einem solchen Fall dürfen wir nicht die ganze Schuld auf uns nehmen – wohlwissend, dass Menschen einander immer etwas schuldig bleiben. Es gehört dazu, zu lernen, den anderen oder die andere lassen zu können – nicht weil er oder sie mir nichts mehr bedeutet, sondern um bei der Sucht nicht mitzumachen, um nicht co-abhängig zu werden und in ein unüberschaubares Ohnmachtsspiel zu geraten. Für religiöse Menschen bedeutet das, einen Mensch Gott zu überlassen. Gott, der nicht außerhalb von allem ist, sondern mittendrin in diesem Schmerz. Gerade so kann ich Hoffnung auf heilende Kräfte haben.

DEIN LEIDENSDRUCK steigt von Tag zu Tag
du wehrst dich mit Händen und Füßen
kämpfst gegen dich
stehst dir selbst im Weg

Deine Schmerzen werden unerträglich
du führst Krieg gegen dich
wertest dich ab
willst alles im Griff haben

Deine Verunsicherung nimmt zu
du lehnst dich auf
gegen deine durch-kreuzten Pläne
wehrst dich gegen deine Verwandlung

## LASS DICH BESTÄRKEN
zum Loslassen
im Einlassen auf deine Intuition
im Annehmen deiner Not

Lass dich ermutigen
zur Verwandlung
im aufmerksamen Erkennen
deiner lebensbehindernden Muster

Lass dich begleiten
zu dir selbst
im Wahrnehmen deiner Krise
als Ort der Heilung

## Liebe als Kraft der Verwandlung

Viele Märchen erzählen, wie Menschen durch
die Macht der Liebe zu sich selbst zurückfin-
den. Denn Verwandlung geschieht nicht nur
durch Leiden und Ängste, sondern auch durch
das tiefe Geheimnis unseres Lebens, durch die
Gabe, liebend unterwegs zu sein im Annehmen und Weiterschenken von Zuneigung und
Geborgenheit. Liebe und Angst sind zwei
Grundpole unseres Lebens. Die Angst kann
uns schützen vor Gefahren, zugleich kann sie
uns entfremden von uns selbst und den anderen. „Angst essen Seele auf" ist der Titel eines
beeindruckenden Films von Rainer Werner
Fassbinder, in dem ganz deutlich wird, wie ein
Klima der Angst uns von der Sehnsucht entfernt, uns auf Beziehungen einzulassen. Spirituelle Menschen bestärken einander zum
Mut, das Leben und die Liebe immer wieder
neu zu wagen. Da ereignet sich das Geheimnis der Verwandlung, weil wir durch die Liebe

unsere Lebenskraft, unsere erotische Urkraft spüren. So können wir über uns selbst hinauswachsen, wir fördern das gegenseitige Vertrauen in die Hingabe – und bleiben dabei immer auch verwundbar.

Jedem Menschen Verwandlung zuzugestehen, ist für mich ein tiefer Ausdruck der Selbst-, Nächsten- und Gottesliebe. Sie schenkt sich uns im Beflügeltsein und in der Ernüchterung, in der wohlwollenden Konfliktbereitschaft und im Aufbruch für eine zärtlichere Gerechtigkeit. Liebende Verwandlung wird spürbar, wenn wir uns selbst und einander verzeihen können, weil wir alle viel mehr sind als unsere Fehler und unsere Widersprüchlichkeit. Jeden Tag beim Aufstehen erneuere ich meine Hoffnung, dass wir uns alle zum Guten verwandeln lassen können.

## NICHT MEHR LÄNGER

Angst haben vor der Angst
im Gespräch sein mit ihr
ihre tiefen Beweggründe entdecken

Nicht mehr länger
all meine Energie aufwenden
um meine Angst zu bekämpfen
ihr mutig ins Gesicht schauen

Nicht mehr länger
Gefangener sein im Ich-Verlies
mich anschauen lassen
so wie schon immer gemeint bin

Abbild Gottes

## DER KRAFT DER LIEBE

mehr zutrauen im Leben
mich anderen zumuten
mit all meinen Widersprüchen

Der Gabe der Liebe
mehr Beachtung schenken im Leben
mich einlassen auf Beziehung
in Konfliktfähigkeit und Versöhnung

Dem Geschenk der Liebe
mehr Handlungsspielraum geben
in Nähe und Distanz
im Geben und Nehmen

## Mein Leben als Geburtsprozess

Das Bild des inneren Geburtsprozesses ist für mich eine echte Hilfe, die mich gut mit mir selbst und mit meinen Mitmenschen umgehen lässt. Damit verabschiede ich mich auch von der Vorstellung, jemals alles im Griff zu haben, jemals über den Dingen zu stehen, jemals alles unter Kontrolle zu haben.

Wer lebendig bleibt, der lässt sich nicht fixieren auf Rollen und festgemachte Bilder, sondern er oder sie vertraut auf eine lebenslange Verwandlung.

Wer aus der inneren, göttlichen Quelle schöpft, der wird immer wieder neu berührt und herausgefordert zu einer inneren Transformation, zum Wagnis, immer mehr, selbstbewusst und selbstvergessen zugleich, zwischen Erde und Himmel zu sein.

Wer sich einlässt auf Beziehungen, der wird im Rhythmus von Geben und Nehmen, von Nähe und Distanz, von Verbundensein

und Verschiedenheit zu einem vertrauensstif-
tenden Miteinander geboren.

Wer seiner inneren Herzensstimme traut,
der wird das Bruchstückhafte unseres Lebens
Tag für Tag als große Chance verinnerlichen,
gerade daran wachsen und reifen zu können.

Wer sich treu bleibt in diesem lebenslangen Prozess, der wandelt sich.

BETRACHTE dein Leben
als Geburtsprozess
zu dir selbst
zur echten Liebe

Betrachte deinen Weg
als Geburtsprozess
voll hoffungsvoller Erwartung
voll ängstlichem Bangen

Betrachte deine Existenz
als Geburtsprozess
suchen und finden
werden und sterben

DAS GEHEIMNIS des Lebens annehmen
im Durchgang durch Engpässe
eröffnet sich eine neue Weite
voller Toleranz und Mitgefühl

Das Geheimnis der Menschwerdung
    verinnerlichen
Schmerz und Bangen
sind Geburtswehen
zu neuem Leben

Das Geheimnis der Liebe sich aneignen
in der Hingabe
über sich selbst hinauswachsen
zu befreiender Mitmenschlichkeit

## MICH VERABSCHIEDEN
von einer statischen Lebenseinstellung
Tag für Tag hineinwachsen
in einen dynamischen Prozess
der Selbstwerdung und der Solidarität

Mich verabschieden
von einer engen Lebensgrundhaltung
immer wieder erahnen
wie sich im Sterben von kleinen Toden
eine neue Lebensqualität zeigt

Mich verabschieden
von einer absoluten Lebensdeutung
alltäglich einüben
wie sich im Auf und Ab des Lebens
Geborgenheit in Freiheit entfaltet

## Selbstmitleid

Selbst-mitleid ist ein spannendes Wort. Mit sich selbst in Verbindung zu sein, Zugänge zu seinem Leiden zu finden ist eine zentrale Grundhaltung, um die heilenden Kräfte der Seele erfahren zu können. Im gängigen Sprachgebrauch verstehen wir das Wort „Selbstmitleid" eher abwertend. Es bedeutet für viele, nur noch sich selbst zu sehen, einge-schlossen zu sein in der Vorstellung, dass es nur mir schlecht geht. Dann jammere ich mich durch das Leben, sehe nur noch das Ne-gative und ich fühle mich in der Opferrolle, vernachlässigt von allen. Wer kennt nicht sol-che Stimmungen? Auch sie dürfen zu uns ge-hören; wir sind in solchen dunklen Stunden dünnhäutiger. Befreiend ist allerdings auch, wenn wir uns bewusst werden, wie einseitig unsere Wahrnehmung darüber geworden ist. Glücklich, wer dann mit Humor auch über sich selbst lachen kann – und wirklich mit-leidend wird, nicht nur mit dem leidenden Teil in sich selbst, sondern in Verbundenheit mit Leidenden auf der ganzen Welt. In der Spannung von Verlorenheit und Hoffnung, von Geschehenlassen und Zupacken kann ein heilender Prozess in Gang kommen. Beharrliche Geduld und Klugheit sind gefragt, um sich hineinzubegeben in die Dunkelheit, Schritt für Schritt, und um die begrabenen Hoffnungen erhellt zu sehen durch ein sympathisches Mitsein. *Sym-pathie* heißt auf Griechisch *mit-leiden*. Unsere Welt braucht sympathische Menschen, die nicht bloß funktionieren und ihre Verunsicherung überspielen, Menschen, die unsere Welt verändern, indem sie mit *Compassion*, mit Leidenschaft im Leben stehen.

MOMENTE des Selbstmitleides
gehören zu einem inneren Prozess
sie fragen nach dem Warum
jener Frage ohne Antwort

Momente des Selbstmitleides
halten mich gefangen
im Ringen nach Sinn
entfremden mich von der Mitwelt

Momente des Selbstmitleides
dürfen sein in der Krise
damit sie verwandelt werden können
in das Erkennen eines tieferen Grundes

SICH SELBST wahrnehmen
ohne um sich selbst zu kreisen
Angst und Ohnmacht zulassen
ohne darin ganz zu versinken

Sich selbst spüren
dem Schmerz Raum geben
ohne andere zu terrorisieren
mit dem eigenen Blockiertsein

Sich selbst erkennen
mit der eigenen Kraft und Verletzlichkeit
um wirklich lieben zu können
sich selbst und andere

Eine gewagte Gratwanderung

## Entwurzelt

In meinen Meditationstexten ringe ich um
Worte, die Mut machen können in einer persönlichen Krise, die vielfältige Gründe haben
kann. Meine Bestärkungen zu einem inneren
Weg, zu einer persönlichen Auseinandersetzung mit wichtigen Lebensfragen sehe ich nie
losgelöst von unseren wichtigen gesell-
schaftspolitischen Fragen. Bei der Spiritualität
geht es um das Ganze, um die Erinnerung,
dass ich nie Einzelne, nie Einzelner bin, sondern immer Teil eines Ganzen. Darum ist mir
wichtig zu betonen, dass ein spiritueller Weg
immer auch ein politischer Weg ist. Wer gut
mit sich selbst umgeht, verändert unsere
Welt, und er setzt ein Zeichen für ein menschlicheres Miteinander. Wer sich selbst besser
kennen lernt, der kann die Angst vor den Asyl-
suchenden, den Menschen am Rande verlieren, weil er großzügiger und weitherziger
wird. Wer die eigene Entwurzelung und die

Momente der Heimatlosigkeit in sich wahrnimmt, der geht solidarischer mit den vielen
entwurzelten Menschen um, die weltweit
ihre Heimat verlassen, die vertrieben werden
von Kriegen und Terroranschlägen. Berührbar
und verwundbar bleiben heißt menschlicher
werden und Widerstand wagen für eine Globalisierung des Friedens und der Gerechtigkeit.

## Heimatlos

umherirrend
verfolgt von der Angst
auf der Flucht

Einander Heimat schenken
zupacken
Verantwortung übernehmen
mit kluger Gelassenheit

Verunsichert
umhergetrieben
bedrückt von der Bosheit
die Menschen einander antun

Einander Halt sein
kämpferisch
der Solidarität
neue Räume eröffnen

## In der Konfrontation
mit der Härte des Lebens
wünsche ich dir einen Wegbegleiter
der dir im intensiven Zuhören
den Zugang zu deinen Gefühlen ermöglicht

In der Auseinandersetzung
mit den Grenzsituationen des Lebens
wünsche ich dir einen Verbündeten
der dich durch beharrliches Nachfragen
auf deine Antworten stoßen lässt

In dem Ausgeliefertsein
in Krisenzeiten
wünsche ich dir einen Engel
der dich auf dich selbst zurückwirft
zu deinem wahren Gesicht

Im Zupacken und Geschehenlassen
im Kämpfen und Loslassen
in Widerstand und Ergebung
ereignet sich unerwartet
eine bereichernde Lebensqualität

## Vom Dunkel zum Licht

Im offenen Kloster Abbaye de Fontaine-André
(www.fontaine-andre.ch), in dem ich zehn
Jahre gelebt habe, gestalte ich jeweils am
Ende eines Besinnungswochenendes eine Se-
gensfeier. Wir schöpfen aus der Quelle Was-
ser, das an diesem Kraftort seit Jahrhunderten
fließt, tragen es in Krügen in die Mitte des
Raumes und wir erinnern uns gegenseitig mit
einer Segensgeste, dass wir alle gesegnet
sind, vor und in unserem Tun. Jede und jeder
ist eingeladen, die Nachbarin, den Nachbarn
zu segnen, mit Worten oder ohne. Dieses einfache Feiern bewegt mich sehr. Da verdichtet
sich in einer urmenschlichen Geste der Zu-
wendung so viel an Sehnsucht und Zerbrech-
lichkeit, an Kraft und Vertrauen. Viele Tränen
fließen dabei, und wir erahnen die heilende
Kraft Gottes, die auch durch uns fließt. Befreiend ist für mich der Gedanke, dass wir auch in
unserer Bedürftigkeit zum Segen füreinander

werden können. Segnende Menschen danken für ihre Lebenskraft und sie erahnen das Wirken Gottes in ihrer Verlorenheit.

Keinen Tag soll es geben, an dem ich mich nicht erinnere, wie heilend die segnende Kraft wirkt – ganz unaufhaltsam.

GESEGNET SEI dein Suchen
folge deiner Intuition
im aufmerksamen Horchen
auf deine eigene Tiefe

Gesegnet sei dein Aushalten
von verschiedenen Stimmungs-
    schwankungen
erkenne darin die Spur
zu deiner Einzigartigkeit

Gesegnet sei deine Krise
im leisen Erahnen
wie sich durch Verunsicherung
ein neuer Morgen ankündigt

## SEI GESEGNET

in deinem Schreien nach Sinn
dass mitten in der Verzweiflung
ein Hoffnungsfunke aufscheine

Sei gesegnet
in deiner Bodenlosigkeit
damit mitten im Fallen
der tragende Grund spürbar wird

Sei gesegnet
in deinem Verwirrtsein
damit mitten im inneren Sturm
ein Regenbogen sichtbar wird

GESEGNET SEI deine Dunkelheit
schau in sie hinein
sie führt dich Schritt für Schritt
zum Morgen der Auferstehung

Gesegnet sei deine Verzweiflung
befrage sie nach ihrem Grund
sie lässt dich liebevoller
mit dir und anderen umgehen

Gesegnet sei deine Trauer
sie führt dich zum Grundwasser deiner Seele
zum schmerzvoll-befreienden Weinen
das dich innerlich aufrichtet

# ZWISCHEN AUFLEHNUNG UND ANNAHME

Im Wahrnehmen der Empörung
erkennen dass es eine andere Möglichkeit
    gibt
vertrauensvoll annehmen
dass sich alles zum Guten wandelt

Im Spüren der Auflehnung
entdecken wie ich mich hineinbegeben kann
in den geheimnisvollen Lebensfluss
der auch durch Schmerz zur Hoffnung wird

Im anspruchsvollen Spannungsfeld
von Empörung und Annahme
mein inneres Begleitetsein erahnen
das durch die Enge in die Weite führt

## In der Spannung von Empörung und Annahme

Eine geerdete Spiritualität bewegt sich in den Grenzsituationen des Lebens in der Spannung von Empörung und Annahme. Beziehungsreiches Leben eröffnet sich uns, wenn wir versuchen diesen inneren Prozess der Annahme von schwierigen Lebenszeiten zu wagen. Jeder Verlust an Bewegungsfreiheit, an Arbeitsmöglichkeiten, an Beziehungen schüttelt uns durch und wir müssen uns neu zurechtfinden. Da begegnen uns viele widersprüchliche Gefühle, die ihren Platz haben dürfen. Tiefe Mitmenschlichkeit entsteht im Anteilnehmen am empörenden Aufschrei von Menschen, die durch die Härte des Lebens ganz klein anfangen müssen. Im Schreien wird für mich die Hoffnung geboren, weil die lähmende Sprachlosigkeit, die so erdrückend sein kann, durchbrochen wird. Echtes Annehmen von durch-kreuzten Lebensvorstellungen und Lebensplänen birgt in sich die

Chance, wichtige Lebensweisheiten vom Kopf her herzwärts verinnerlichen zu können. So gewinnen Worte wie „es gibt kein Licht ohne Schatten", „am Schweren reifen können" und „es wird alles gut werden" eine glaubwürdigere Qualität, weil sie selbst durchlebt worden sind.

Echte Gelassenheit zeigt sich in der Stärke, eigene Empörung auszudrücken, und sich anderen auch zuzumuten.

Echte Zuversicht wird sichtbar, wenn Menschen zu ihrer Trauer und Wut stehen.

Echte Hoffnung kommt uns entgegen im Spannungsfeld von Auflehnung und Annahme.

Menschen, die sich einreden, sie stünden über solchen not-wendigen Entwicklungsschritten, überzeugen nicht. Ihre klugen Gedanken sind zu sehr im Verstand und berühren nicht Leib und Seele. Darum bin ich jenem therapeutischen Menschenfreund aus Nazareth so dankbar, dass er sich hineingab in diese komplexen Lebensprozesse. So entstand in seinen Begegnungen eine heilende Kraft, die Verhärtungen aufweichte und gekrümmte Menschen zum Vertrauen aufrichtete.

SICH INNERLICH AUFLEHNEN
gegen die Härte des Lebens
einfach nicht verstehen können
wie brutal Menschen sein können

Sich zutiefst empören
über die himmelschreiende Ungerechtigkeit
die zweifeln lässt
am Guten im Menschen

Sich krampfhaft verschließen
vor dem Verwandlungsweg
verbittert bleiben
in der Enge der Angst

BEHUTSAM-BESTIMMT das Schwierige
   annehmen
nicht als Verherrlichung des Leids
nicht als Selbstquälerei
sondern als Ausdruck meiner einmaligen
   Würde

Entschieden-gewagt das Unbegreifliche
   annehmen
nicht als lebensverneinender Fatalismus
nicht als lähmende Resignation
sondern als Entscheidung für ein Leben in
   Fülle

Hoffend-verunsichert das Schwere annehmen
nicht als schuldbeladene Abwertung
nicht als entfremdende Last
sondern als Vertrauensakt der Hingabe

# Ich lasse mir Zeit

In den dunklen Stunden unseres Lebens kommen wir nicht darum herum, einen neuen Zugang zur Zeit zu finden. Welch ein Irrtum ist es, zu meinen, die Zeit gehöre uns. Sie liegt nicht in unseren Händen. Sie ist nicht zu haben, sondern sie schenkt sich uns jeden Augenblick neu. Wenn wir verunsichert sind und uns neu finden müssen, dann können wir mit beharrlicher Geduld die Kraft des Hier und Jetzt neu entdecken und auskosten. Innere seelische Prozesse der heilenden Selbstannahme und der Versöhnung mit dem Leben haben eine ganz andere Zeitdimension. Wenn wir gegen sie ankämpfen, dann stehen wir uns selbst im Wege. In Umbruchsituationen können wir lernen, vertrauensvoller im Leben zu sein, weil uns bewusst wird, dass das Wesentliche nicht machbar ist. Mich beeindruckt, wie die Anonymen Alkoholiker es machen, die mit Entschiedenheit aus ihrem Gefängnis der

Sucht hinaustreten, in dem sie sich Tag für Tag sagen: „NUR FÜR HEUTE!" Das ist eine weise Lebensgrundhaltung, in der ich meine Sorgen nicht hochrechne und mich nicht verliere in Zukunftsängsten, sondern mich konzentriere auf das Heute. So sehe ich mein Leben in einem größeren Zusammenhang, um sozusagen mit den Augen der Ewigkeit besser in der Gegenwart leben zu können. Heilende Kräfte werden freigelegt, wenn ich mich nicht unter Druck setze und nicht dauernd in der „Wenn-Perspektive" lebe. Ich will nicht mehr ein für alle Mal wissen, was mich erwartet im Leben; es genügt mir, im Heute sinnvoll zu leben, in der staunenden Dankbarkeit über viele alltägliche Wunder. Im Sammeln der Kräfte in der Gegenwart gestalte ich verantwortungsvoll mit an der Zukunft.

Meine Verabredung mit dem Leben, wie es jetzt ist, erwartet mich.

Meine Wachstumschance ist jetzt schon da.

Meine Zeit heißt Jetzt.

SCHENK DIR ZEIT
zum Geschehenlassen
zum Heilen
zur Versöhnung

Schenk dir Zeit
sie ist nicht zu haben
sondern immer im Werden
in ihr zeigt sich
der Geschenkcharakter des Lebens

Schenk dir Zeit
für einen inneren Prozess
für einen Durchgang zum Neuen
für ungeahnte Möglichkeiten

Es soll uns nicht überraschen, wenn wir uns unerwartet der Ungeduld ausgeliefert sehen. Wir sind uns unserer inneren Unruhe kaum bewusst. Und wie in einem Dominospiel erleben wir dann eine Kettenreaktion, die Panik und Bodenlosigkeit auslösen kann. Ein Spiegel, den andere uns vertrauensvoll hinhalten, kann erlösend wirken, obwohl es unangenehm ist, sich mit den eigenen Schattenseiten ertappt zu fühlen. Einfühlsamer und geduldiger mit sich selbst sein, verbindet und öffnet auch für andere. Mit dem langen Atem der Hoffnung erfüllt, sind wir in der Lage nicht zu verurteilen und zu bewerten, sondern zu sehen, was jetzt schon möglich ist. Beppo, der Straßenkehrer in Michael Endes Bestseller „Momo", macht Mut. Er guckt nicht auf die endlos lange Strasse, die er noch vor sich hat, sondern bewegt sich vorwärts, Schritt um Schritt, Besenstrich um Besenstrich, dem Ziel entgegen.

Im Ernstnehmen meiner Ungeduld zeigt sich mir der nächste Schritt: Ungeduld in eine beharrliche Geduld verwandeln.

MEINER UNGEDULD ausgeliefert
Spielball der Emotionen
hin- und hergerissen
zwischen Apathie und Zweifel

Meiner Ungeduld preisgegeben
wenig Kraft mehr
um kleine Verwandlungsschritte zu wagen
fixiert sein auf die Wunden

Meiner Ungeduld ausgesetzt
unerträgliches Umherirren
unfähig Momente der Ruhe zu finden
angetrieben zur quälenden Panik

## BEHARRLICHE GEDULD

wünsche ich dir
nicht jenes passive Erdulden
sondern jenes aktive Warten
weil das Wesentliche nicht machbar ist

Vertrauensvolle Geduld
wünsche ich dir
nicht jene Selbstentfremdung
sondern einen langen Atem der Hoffnung
der schmerzvolle Heilung ermöglicht

Tägliche Geduld
wünsche ich dir
nicht ansteckende Verantwortungslosigkeit
sondern ein mutiges Schöpfen
aus der eigenen Lebensquelle

## Wieder-kehrende Fragen aushalten

Es bleibt für uns eine lebenslange Aufgabe, wiederkehrende Fragen und Lebensthemen ertragen und aushalten zu können. Unser inneres Reifen und Wachsen lebt vom herausfordernden Wachhalten von Fragen. Fragen können bedrückend sein und zugleich unsere Lebendigkeit fördern. Rainer Maria Rilke, mein Lieblingsdichter, ermutigt zum Wachhalten von Fragen, weil er darauf vertraut, dass wir immer in die Antworten hineinwachsen werden. Dieses Vertrauen zeigt sich auch im bewussten Einüben des Lassens von ungelösten Fragen. Es tut uns nicht gut, wenn wir dauernd „online" sind. Im bewussten Loslassen verdrängen wir die Fragen nicht, sondern wir überlassen sie einer tieferen Ebene, unserem seelischen Hoffnungsgrund. In diesem Zwischenraum kann sich unerwartet etwas lösen, was durch ständiges Fixiertsein blockiert war. Wer mitgestalten will an einer menschlicheren Zukunft, der sucht alltäglich einen gesunden Umgang mit seinen Lebensfragen. Damit meine ich eine aktive Auseinandersetzung im Nachdenken und Austauschen mit anderen und zugleich ein aktives Lassen, damit sie später mit neuer Energie angegangen werden können.

## WIEDER-KEHRENDE FRAGEN
als Einladung verstehen
die Blockierungen freilegt
um dem Lebensfluss vertrauen zu können

Bekannte Lebensthemen
als Möglichkeit sehen
erlöster leben zu können
in innerer Freiheit

Sich wieder-holende Prozesse
als Zumutung annehmen
um verständnisvoller
im Zyklus des Wachsens zu sein

## DEINE SEELE

wird dich nicht schonen
vor heilenden Prozessen
der not-wendigen Selbstwerdung

Deine Seele
wird nicht lockerlassen
bis du dich traust
wirklich du selbst zu sein

Deine Seele
mutet dir zu
liebenswürdig zu werden
im mitfühlenden Dasein

UNSERE SEELE WEISS MEHR, sie schaut tiefer. Sie holt sich immer wieder, was sie braucht zu einem erfüllten Leben. Darum lade ich ein, sich das soeben gelesene Gedicht mehrere Male laut vorzulesen, damit diese Worte nachwirken und nachklingen können. In der Wiederholung entsteht ein Leerraum, ein Freiraum, der die Tiefe unseres Seins nährt und stärkt …

UNGEWISSHEITEN aushalten
ist unglaublich schwer:
Erahne darin die Chance
vermehrt im Augenblick zu leben

Ungeklärtes aushalten
kostet viel Energie:
Lass dich von Zukunftssorgen befreien
im staunenden Gegenwärtigsein

Unbestimmbares aushalten
ist eine schwierige Grenzerfahrung:
Erkenne darin die Spur
zum Verweilen im Hier und Jetzt

## Ich lasse mich nicht unter Druck setzen

„Ich genüge nicht", „Ich muss noch mehr tun", „Alles ist machbar" – das sind für mich gefährliche Antreibersätze, die mich ein Leben lang auf Trab halten können. Wir brauchen Mut zu Veränderung und zum Aufbruch und wir benötigen zugleich die uralte Lebensweisheit, dass alles Wesentliche schon da ist. Es kann doch nicht sein, dass wir lebenslang gefangen bleiben im einengenden Druck einer Leistungsspirale, die immer schneller und unmenschlicher wird. Spirituelle Menschen leisten wohlwollend-bestimmt Widerstand für gesellschaftspolitische Entwicklungen, die uns zum wahren Glück führen. Solidarität und strukturelle Veränderungen sind gefragt. Sie beginnen auch in mir, indem ich meine angelernten Muster, die mich dauernd unter Druck setzen wollen, durchschaue und verwandeln lasse. Glückliches Leben ereignet sich im Entfalten unserer schöpferischen Arbeitskraft und im belebenden Verweilen in der Ruhe und der Erholung. Auch und gerade seelisch-psychische Entwicklungen können wir nicht auf Biegen und Brechen herbeizwingen. Sie brauchen Entschiedenheit und Freiraum, Mut zur Veränderung und zum Stillstand – denn auch da kann sich innerlich sehr viel bewegen, was uns Druck abgeben lässt, um freier atmen zu können in all unseren Lebensvollzügen.

## Mir bewusst werden

wie ich mich ganz subtil
unter Druck setzen lasse
weil ich nicht genüge

Mir eingestehen
dass ich immer schon weiter sein will
weil der Leistungsdruck verinnerlicht ist
als unmenschliches Lebensprinzip

Mir bewusst werden
welche einseitigen Muster
mich manchmal in Unruhe versetzen
aus mangelndem Selbstwertgefühl

BEWÄHRTE LEBENSWEISHEITEN verinnerlichen:
zupacken und loslassen
entscheiden und reifen lassen
sich anstrengen und sich gehen lassen

Belebende Gegensätze integrieren:
Engagement und Rückzug
Verantwortung und Leichtigkeit
Distanz und Nähe

Befreiende Grundhaltungen verwirklichen:
kämpfen und geschehen lassen
dranbleiben und warten
mich einbringen und mich zurücknehmen

## Unterscheiden können

Ich kann die anderen nicht ändern. Ich brauche in mir einen anderen Zugang zu dem, was mich bei ihnen stört und ärgert. Diese Grundhaltung verändert mich und die anderen. Anthony de Mello beschreibt diese Lebenseinsicht humorvoll so:

„Einem sich ständig über andere beklagenden Schüler sagte der Meister: ‚Wenn du wirklich Frieden haben willst, versuche dich selbst zu ändern, nicht die anderen. Es ist einfacher, deine Füße mit Hausschuhen zu schützen, als die ganze Erde mit Teppichen auszulegen.'"

So gesehen ist es entscheidend, die inneren Stimmen, Motivationen und Antriebskräfte in sich zu erkennen, um gut unterscheiden zu können, was lebensfördernd oder lebensbehindernd ist.

Im regelmäßigen Wahrnehmen meiner Gefühle, meiner Stimmungen, meiner Gedanken, meiner Körperhaltung kann ich die Gabe der Unterscheidung bewusst einüben. Dazu brauche ich auch den Dialog mit anderen, die mich auf mein verstecktes Licht und auf meine blinden Flecken hinweisen können. Die Kunst der Selbsterkenntnis beinhaltet eine lebenslange Reise zu mir selbst, um dadurch wirklich liebend unterwegs sein zu können. Ich vergleiche mich nicht mit den anderen, sondern erkenne all das, was mich aufrichtet, um auch benennen zu können, was mich lähmt und frustriert im Leben.

## WAHRNEHMEN

was ich wirklich brauche
um heilende Kräfte in mir zu wecken
die sich zeigen im Annehmen des Schmerzes

Spüren
was mir wirklich gut tut
um durch die eigene Not
eine weltweite Verbundenheit zu erfahren

Erkennen
was mich wirklich aufrichtet
um mich herausfordern zu lassen
durch unangenehme Einsichten

MEINE SEHNSUCHT nach Lebendigkeit wach
    halten
einengende Gewohnheiten auflösen
im entschiedenen Annehmen von Hilfe

Meine Sehnsucht nach Echtheit wahrnehmen
bedrückende Einstellungen benennen
im ehrlichen Eingestehen meiner Grenzen

Meine Sehnsucht nach innerer Freiheit
    spüren
im gemeinsamen Entfalten
einer fairen Konfliktbereitschaft

EINFÜHLSAM werden
für notwendige Schonräume
für schmerzvolle Auseinandersetzungen
für faires Ringen

Offen werden
für heilende Kräfte
für klärende Gespräche
für entschiedenes Handeln

Sensibel werden
für die Sprache des Leibes
für die Dimension der Seele
für die Weitsicht des Geistes

Krankmachende Schuldgefühle entlarven
sich nicht mehr terrorisieren lassen
durch einengendes Grübeln
das Lebenskräfte blockiert und lähmt

Bestehen können mit meiner Begrenztheit
eigene Bedürftigkeit und Schuld annehmen
als befreiende Einsicht zum Handeln
als klärendes Aufatmen zur Heilung

Destruktive Stimmen eingrenzen
erkennen was ich mir durch die Ohnmacht
	hole
entdecken was mir ein passives Erleiden
	bringt
mich für ein befreites Leben entscheiden

## Ich lasse meine Angst verwandeln

Angst und Liebe sind zwei Grundpole unseres Lebens. Die Bibel benennt Ängste als dämonische und destruktive Kräfte. Jesus nimmt die Ängste der Menschen wahr und ernst, er tritt in Dialog mit ihnen, indem er ihre Sprache, ihre Ausdrucksweise lernt. So können Ängste mit der Zeit mühsam-befreiend gezähmt werden. Es braucht einen liebenden Blick, der Menschen in ihren Ängsten nicht be- und entwertet, sondern sie in jeder Situation ihre einmalige Würde erfahren lässt – sie muss sich gerade in der Auseinandersetzung mit Angst und Panik bewähren. Dieser Hintergrund ist wichtig, um die oft erwähnte biblische Zusage „Fürchte dich nicht" wirklich verstehen zu können. „Fürchte dich nicht" heißt: Wage dich in deine Angst hinein, weil das Schlimmste die Angst vor der Angst ist. Schaffe dir ein Angstbuch, in dem deine Angst Worte erhält, Farbe bekommt, ab-

**129**

gebildet oder fotografiert wird. Finde vielfältige Ausdrucksformen für deine Angst, denn so kann sie immer mehr eingegrenzt werden. Die positive Seite der Angst ist der Schutz vor Gefahren, verbunden mit dem Annehmen der eigenen Begrenztheit. Die destruktive Seite der Angst ist die Mutlosigkeit, die Isolation, die Beziehungslosigkeit. In dieser Grundspannung bewegen wir uns immer mehr oder weniger. Der 2. Vers im Psalm 4 bestärkt uns zum Schaffen von Vertrauensorten in Zeiten der Angst: „Du hast mir Raum geschaffen, als mir angst war." Der göttliche Vertrauensraum ist schon in mir. Manchmal ist er verborgen und verschlossen. Unsere Aufgabe besteht darin, einander Räume zu eröffnen, in denen wir zu unserer Angst stehen können. Wir erfahren, wie andere mit ihren Ängsten umgehen, und wir können unseren eigenen Weg finden, der zur Weite des Selbstvertrauens führt, in der meine Ängste sein dürfen. Ich bekämpfe sie nicht mehr, sondern grenze sie ein durch die Erinnerung an gelungene Formen der Verwandlung.

ANGST IST deine Begleiterin
sie ist schon da beim Erwachen
sie lähmt dich beim Aufstehen
sie drängt dich in die Enge

Angst fordert dich heraus
sie will ernstgenommen werden
sie hat ihren tieferen Grund
sie braucht klare Grenzen

Angst ist deine Last
sie treibt dich in die Unruhe
sie jagt dich gegen die Wand
sie will verwandelt werden durch die Liebe

FÜRCHTE DICH NICHT
in Dialog zu treten mit deiner Angst
lade sie ein an deinen Tisch
befrage sie nach ihrem Grund

Fürchte dich nicht
deiner Angst lebensbejahende Grenzen zu
    setzen
im tiefen Durchatmen
im regelmäßigen Entspannen

Fürchte dich nicht
deine Angst vielfältig auszudrücken
friss sie nicht in dich hinein
entschärfe ihre Macht im Zeigen deiner
    Bedürftigkeit

ANGST UMZINGELT DICH
nährt deine Panik
isoliert dich
führt Krieg in dir

Angst schützt dich
vor Maßlosigkeit
vor Grenzenlosigkeit
vor Überforderung

Angst entfernt dich
vom inneren Vertrauensort
der immer schon auf dich wartet
damit du einfach sein darfst

UNSERE ANGST vor inneren Prozessen lässt uns vielfältige Strategien entwickeln, die dazu führen, dass wir heilende Lebensqualität gerade nicht zulassen. Oft geschieht dies unbewusst, indem wir hinter unseren Entfaltungsmöglichkeit zurückbleiben, und bequeme Komfortzonen einrichten, an die wir uns mit der Zeit gewöhnen. So finden wir uns ab mit einengenden Mustern und Strukturen. Ganz unerwartet meldet sich unsere Seele, wenn nicht am Tag, dann in unseren Träumen, um uns zu erinnern, dass es sehr wohl ein Leben vor dem Tod gibt. Wir sind zum Glück gerufen, das uns geschenkt wird im Auferstehen aus begrabenen Hoffnungen und im Erlöstwerden aus dem Irrtum, allein auf sich selbst angewiesen zu sein.

FÜRCHTE DICH NICHT
vor inneren Prozessen
die dich vom Dunkel des Zweifels
zum hoffnungsvollen Aufbruch führen

Fürchte dich nicht
vor der Stärke Gottes in dir
die dich zu innerer Freiheit
für eine gerechtere Welt begleitet

Fürchte dich nicht
vor deinen unangenehmen Seiten
die dich zur Selbstannahme begleiten
in wohlwollender Konfliktfähigkeit

EINGEHÜLLT IN seelisch-körperliches Leiden
suchen Trauer und Angst
ihre befreienden Ausdrucksmöglichkeiten

Im Annehmen des Schmerzes
liegt der innere Schlüssel
zum Durchgang zur Heilung

Im Meer der Verlorenheit
mein inneres Kind entdecken
als beziehungsstiftende Auferstehungskraft

In der Tiefe
erklingen Klage- und Hoffnungslieder
die vom Aufgehobensein in der Liebe erzählen

## DU BIST GESEGNET

in all deinem Ringen und Aufbegehren
in all deiner Sehnsucht und Hoffnung
in all deiner Verzweiflung und Angst

Du bist aufgehoben
in deinem Selbstwerdungsweg
in deinem Einsatz für die Menschenrechte
in deinem Mitgefühl mit aller Kreatur

Du bist gesegnet
jeden Tag neu
in deiner Einmaligkeit und Stärke
in deiner Einzigartigkeit und Schwäche

STEH AUF
zu dir selbst
zu deiner ureigenen Lebensaufgabe
die bewegt zum mutigen Mitsein

Hab Vertrauen
in deine Entfaltungsmöglichkeiten
in deine göttliche Quelle
die verbindet mit Schöpfung und Kosmos

Sei gesegnet
zu deiner befreienden Kraft
zu deinem beruflichen Einsatz
im achtsamen Ein- und Ausatmen

# ES WIRD GUT WERDEN

Im Anfang
war nicht die Ursünde
sondern der Ursegen
denn es ist entscheidend
ob ein Plus oder ein Minus
vor meinem Leben steht

Im Anfang
wird dir zugesagt
dass du gesegnet bist
in deinem Aufgerichtetsein
in deiner Beziehungskraft
in deiner Zerbrochenheit
in deiner Schöpfungsverbundenheit

Im Anfang
hinterlässt Gott
seine Lebensfarben in dir
dein Leben wird bunt
dein Vertrauensfluss fließt
deine Transparenz bleibt
deine Himmelsfenster öffnen sich

## Zeit zum Feiern

Wenn uns in Krisen- und Umbruchzeiten ein Durchbruch gelungen ist, wenn unsere Nacht einem neuem Morgen entgegen geht, dann ist die Zeit zum Feiern da. Im Lukasevangelium werden wir ermutigt, unser Leben immer wieder zu feiern; erst recht, wenn es bedroht und blockiert war. Im 13. Kapitel wird uns eine Frau vorgestellt, die ein Geldstück verloren hat. Sie sucht es überall und als sie es gefunden hat, lädt sie ihre Freundinnen zu einem Fest ein. Danach wird uns von einem Sohn erzählt, der sich verloren hat, sich selbst entfremdet war. Obwohl es ihm schwer fällt, stellt er sich der Wahrheit seines Lebens – und geht nach Hause. Sein Vater erwartet ihn ohne Vorwürfe – und es wird ein großes Fest gefeiert. Er sagt: „Mein Sohn war tot und nun ist er wieder lebendig geworden." (Lukas 13,24) Er erhält ein Festkleid und einen Ring. Tiefsinniger und beglückender kann nicht ausgedrückt werden, wie Gott sich uns durch unsere Festkultur zuwendet. Wenn wir unsere verlorene Hoffnung, unser abhanden gekommenes Vertrauen wiedergefunden haben, dann ist es heilsam, dieses Geschenk des Lebens mit anderen zu feiern. Die Kraft, die durch das Feiern wirksam wird, darf nicht unterschätzt werden.

Jetzt ist Zeit zum Feiern; all die vielen Anstrengungen, Sorgen und Verunsicherungen haben sich gelohnt. Das monatelange Auf und Ab ist wie verflogen, die Freude an der Ernte will hinausgetragen sein in unseren Freundeskreis. Sie will geteilt werden, ausgedrückt in Kreativität und Musik. Der Liebhaber des Lebens aus Nazareth wählt das Bild vom Festmahl häufig, spricht vom Essen und Trinken in Gemeinschaft, um uns zu zeigen, wie gut es Gott mit uns meint und wie seine schöpferische Kraft auch durch uns fließt. Im Singen und Tanzen, in der Ausgelassenheit werden unsere Grenzen aufgebrochen. Echte Festfreude führt Jung und Alt, Groß und Klein zusammen. Sie stillt unsere Sehnsucht nach Zugehörigkeit, nach einem tieferen Eingebundensein in einer großen Schöpfungsfamilie. Lebensfeste erzählen von der Leichtigkeit des Seins, die auf die Schönheit des Schöpfers verweist. Sie lassen uns den lachenden Segen Gottes erfahren, der uns bestärkt zum Teilen unserer Hoffnungen und unserer Ängste. Sie erinnern uns an die Lebensworte Jesu: „Kommt, es steht alles bereit!" (Lukas 14,17). Das Wesentliche ist schon da. Wir können unseren persönlichen Prozess und unsere Sorgen unterbrechen, indem wir uns hineinholen lassen in jene Freundschaftsräume, in denen wir einfach sein dürfen. Menschen, die eine Krise, eine schwere Krankheit, einen schmerzvollen Trauerweg durchlebt haben, sind aufgerufen immer wieder jene Momente mit anderen zu feiern, in denen der Glaube, die Hoffnung und die Liebe neu auferweckt wird. Da erleben wir den Segen Gottes, der uns im Leiden stärkt und der uns erinnert, wie wir zum Segen werden im Durchschreiten von schweren Zeiten. Dadurch wird unsere Welt menschlicher.

## ZEIT ZUM FEIERN

nährt die heilenden Kräfte der Seele
richtet uns innerlich auf
stiftet uns an zur Hoffnung

Zeit zum Feiern
in aller Einfachheit zusammen sein
in Schmerz und Vertrauen
in Angst und Hoffnung

Zeit zum Feiern
die Zukunftsängste durchbrechen
im dankbaren Wahrnehmen
was jetzt gut tut und stärkt

VERLORENES Vertrauen
unerwartet wieder finden
in der eigenen Mitte
als heilende Kraft

Begrabene Hoffnungen
zum Leben erwecken
durch bestärkende Freundschaftszeichen
durch schweigendes Verweilen

Verschwundene Zuversicht
neu entdecken
im wohltuenden Austausch
im gemeinsamen Wandern

MITTEN IN der Verunsicherung
gemeinsam ein Hoffnungsfest feiern
als gegenseitige Stärkung
als vertrauensstiftende Ermutigung

Mitten im Schmerz
sich einfinden zum Vertrauensfest
sich erinnern wie unerwartet
uns heilende Kräfte geschenkt werden

Mitten in der Ohnmacht
einander den Rücken stärken
Tränen fließen lassen
damit unsere Lebenskraft spürbar wird

## Segenswünsche

Der Sinn unseres Lebens ereignet sich im Eintauchen in jene größere Wirklichkeit, die wir die göttliche Quelle allen Lebens nennen können. In unserer Mitte wartet sie immer schon auf uns. Jeden Tag können wir uns erinnern, dass wir vor allem Tun gesegnet sind und zum Segen werden für andere. Segnend-liebend unterwegs zu sein ist unser größtes Glück. Sich lieben und segnen lassen und Liebe und Segen weiterschenken können, schenkt uns Verwurzelung in den Grund unserer Hoffnung, Gottes Gegenwart in allem. Befreiend ist für mich die Zusage, immer segnend da sein zu können. Ich kann segnend im Leben stehen, wenn ich in meinem Element bin, wenn Dankbarkeit mich erfüllt, wenn meine Lebenskraft fließt, und ich kann segnend da sein für andere, wenn ich dünnhäutig und verletzlich bin, wenn meine Zweifel mich begleiten, wenn ich angstvoll in die Zukunft blicke. Entscheidend ist die Grundhaltung in kraftvollen und in mühsamen Stunden, mich durchatmen zu lassen von Gottes heilendem Geist. Ohne den Atem Gottes kann ich nicht leben, er fließt mir immer zu. Unsere Aufgabe besteht darin, ihn bewusst in Hoffnung und Schmerz wahrzunehmen und ihn fließen zu lassen.

Im Begleiten von vielen suchend-leidenden Menschen wird mir immer wieder schmerzvoll bewusst, wie viel unnötiges Leid entsteht, wenn wir einander in schweren Zeiten alleine lassen. Zu viele Menschen ziehen sich vor kranken, depressiven, trauernden Menschen zurück, weil sie – sehr oft unbewusst – meinen, sie müssten stark sein und Lösungen anbieten können. Diesen Rückzug kann man mit folgenden paradoxen Worten zum Ausdruck bringen: Weil wir meinen, wir müssten in allen Situationen etwas tun können, tun wir nichts! In Zeiten von unheilbarer Krankheit, in der Konfrontation mit dem brutalen Tod eines Menschen, im Annehmen von psychischen Krankheiten, in der Auseinandersetzung mit Gewalt und sexuellem Missbrauch, in der Ausweglosigkeit von schrecklichen Naturkatastrophen können wir scheinbar nichts tun – und wir verstummen. Dieser Irrtum entfernt uns von uns selbst, von den anderen, und wir verlieren ein großes Stück Lebensqualität. In den Zeiten unseres Lebens, in denen wir am Nullpunkt, in der Mitte der Nacht angelangt sind, können wir unendlich viel tun durch unser mitfühlend-schweigendes Dasein. Wir werden zum Segen füreinander, wenn wir uns verabschieden von den unmenschlichen Allmachtsfantasien, die uns dazu verleiten zu meinen, wir müssten über den Dingen stehen. Echtes Leben ereignet sich in allen Dingen. Wir werden zum Segen füreinander, wenn wir miteinander lernen, das auszudrücken, was wir fühlen. In Zeiten von größter Not hilft billiger Trost nicht weiter; viel eher authentische Worte wie „Ich bin selbst traurig und wütend", „Ich weiß nicht, was ich sagen soll, doch ich bleibe einfach da", „Auch wenn ich mich überfordert fühle, halte ich mit dir den Schmerz aus" …

In harten Lebenszeiten können wir einander zum Engel werden mit wenigen Worten, die wir auf eine Karte schreiben – wie: „Ich denke an dich", „Ich fühle mit dir", „Ich schreie und hoffe mit dir", „Ich zünde für dich eine Kerze an", „Ich bin dir betend sehr verbunden" …

Segnende Menschen durchbrechen die Apathie und die Isolation, weil sie nicht mehr länger auf einen idealen Zeitpunkt der Veränderung warten, sondern jetzt jene Hoffnungsfunken erkennen, die Menschen als Verbündete zusammenführen. Segnende Menschen bestärken einander in der Vision einer menschlicheren Welt, in der wir alle unvollkommen bleiben dürfen. Gerade dadurch kann eine neue, ansteckende Hoffnungskraft wachsen, die dem Dunkel der Welt nicht mehr ausweicht, sondern es erhellt durch die einfache Gabe des Daseins und des Mitseins.

**MITTEN IN DEN** Stunden der Nacht
wünsche ich dir jenen Lichtblick
der dich erfüllt mit Dankbarkeit
der dich deinen tragenden Grund sehen lässt

Mitten in den Momenten des Zweifels
wünsche ich dir jenen Vertrauensschritt
der immer wieder möglich sein kann
weil der Weg das wirkliche Ziel ist

Mitten in den Zeiten der Ohnmacht
wünsche ich dir jenes Freundschaftszeichen
das dich erinnert an aufrichtende
    Erfahrungen
die vom heilenden Durchbruch erzählen

## Du bist ein Segen

im Mitteilen deiner Hoffnung
im Ausdrücken deiner Trauer
im Ermutigen zum Aufbruch

Du bist ein Segen
im Fließen deiner Tränen
im Aussprechen deiner Wut
im Bestärken zum Vertrauen

Du bist ein Segen
im Wahrnehmen deiner Zweifel
im Benennen deiner Angst
im Verwandeln deiner Resignation

SEI GESEGNET jeden Tag neu
zum authentischen Menschsein
zum unvollkommenen Weg
zum versöhnenden Miteinander

Sei gesegnet immer wieder neu
zum Aufbruch zur Gerechtigkeit
zum Annehmen deiner Grenzen
zum Teilen deiner Macht

Sei gesegnet alltäglich neu
zum liebenden Unterwegssein
zum suchenden Miteinander
zum dankbaren Staunen

KRAFT AUS deiner Mitte
wünsche ich dir
zum Verwandeln deiner Ängste
zum Entdecken deiner Stärken

Kraft aus deiner Fülle
wünsche ich dir
zum Annehmen deiner Sterblichkeit
zum Teilen deiner Gaben

Kraft aus deinem Seelengrund
wünsche ich dir
zum Verweilen im Augenblick
zum Einsatz für Gerechtigkeit

SEGENSWÜNSCHE
sende ich dir
als Hoffnungszeichen
für dein inneres Wachsen

Segenswünsche
begleiten dich
als Vertrauenszeichen
für deinen Heilungsweg

Segenswünsche
erreichen dich
in deinen dunklen Momenten
als wohltuender Lichtblick

**DU BIST GESEGNET**
in deiner Dünnhäutigkeit
sie lässt dich menschlicher werden

Du bist gesegnet
in deiner Liebeskraft
sie lässt dich Verwandlung erfahren

Du bist gesegnet
in deiner Verunsicherung
sie lässt dich sensibler werden

Du bist gesegnet
in deiner Sehnsucht
sie lässt dich Vertrauen erfahren

KRAFT zum Neuanfang
wünsche ich dir
im alltäglichen Hineinwachsen
in das Geschenk des Urvertrauens

Kraft zur Geduld
wünsche ich dir
im unermüdlichen Eintauchen
in den tiefen Grund deiner Hoffnung

Kraft zur Verwandlung
wünsche ich dir
im aktiven Geschehenlassen
deiner Selbstwerdung

SEGENSVOLL
sei deine schwere Krise
möge sie dich innerlich stärken
zum zärtlichen Freundschaftsweg

Segensvoll
sei deine harte Umbruchszeit
möge sie dich innerlich aufrichten
zum weltweiten Versöhnungsweg

Segensvoll
sei deine unerwartete Erschütterung
möge sie dich innerlich ermutigen
zum wohltuenden Vertrauensweg

**LASS DICH BERÜHREN**
zur Hoffnung
sei gut zu dir
in Freud und Leid

Lass dich bewegen
zum Vertrauen
sei gut zu anderen
in Angst und Hoffnung

Lass dich segnen
zur Liebe
seit gut zu aller Kreatur
in Arbeit und Erholung